JUDITH VON HALLE

Stoffes-Sterben und Geist-Geburt

Kosmische Aspekte
zur Todesstunde auf Golgatha

JUDITH VON HALLE

Stoffes-Sterben und Geist-Geburt

Kosmische Aspekte zur Todesstunde auf Golgatha

Verlag für Anthropsophie

Im Internet: www.v-f-a.ch

Gesamtgestaltung von Gabriela de Carvalho
Zeichnungen im Text von Judith von Halle
Titelbild: Egbert Kodex, um 980

Satz: Höpcke, Hamburg
Druck und Bindung: Freiburger Graphische Betriebe

ISBN 978-3-03769-049-9

Beiträge zum Verständnis des Christus-Ereignisses

Band XI

INHALT

GELEITWORT

Das folgende Geleitwort soll auf einige Fragen, die mir immer wieder anlässlich meiner Vorträge oder in Gesprächsseminaren gestellt werden, Antwort geben. Zwar sind diese Fragen bereits im Vorwort zu den unter dem Buchtitel «*Und wäre Er nicht auferstanden ...*» erschienenen Vorträgen behandelt worden, doch wird selbstverständlich nicht jeder Leser das Buch kennen oder die darin enthaltenen Ausführungen im Bewusstsein gehalten haben.

So würde derjenige Leser, der die folgenden Darlegungen unvorbereitet aufnähme, an einigen Stellen gewiss verwundert sein über deren Art und Inhalt – was verständlich wäre, denn er fände eine Schilderung historischer und übersinnlicher Tatsachen vor, die mit einer gewissen Selbstverständlichkeit vor ihm ausgebreitet werden ohne die Benennung ihrer Quellen.

So soll hier der Versuch unternommen werden, recht offenherzig dasjenige schriftlich festzuhalten, was bis dahin im direkten zwischenmenschlichen Gespräch mit einer vertraulichen Stimmung und Haltung viel unmissverständlicher vermittelt werden konnte, weil in der Begegnung der Mensch ein unmittelbareres Erleben, einen authentischen Eindruck des Vortragenden gewinnen kann. Die folgenden Erläuterungen, die auf jene Fragen Bezug nehmen, sind sehr deutlich formuliert, wohl wissend, dass mir diese Deutlichkeit einerseits als Unbescheidenheit ausgelegt werden kann, andererseits – und daher will ich dieses Risiko tragen – dass es nur diese Deutlichkeit überhaupt möglich macht, eine annähernd erschöpfende Antwort auf die gestellten Fragen zu geben.

Die vorliegenden Ausführungen sind aus einem eigenständigen geistigen Erleben hervorgegangen und enthalten daher keine Hypothesen oder Spekulationen, es sei denn, es wird ausdrücklich darauf hingewiesen, dass keine definitive, selbst bezeugte Aussage zu einem gewissen Vorgang gemacht werden kann.

Allerdings entstammt nicht jede Schilderung derselben Erkenntnisquelle. Denn das geistige Erleben bezieht sich einerseits auf ein unmittelbares, ja auf ein wie sinnliches Miterleben der historischen Ereignisse der Zeitenwende. Dieses hat sich als Folge der zu Ostern des Jahres 2004 eingetretenen Stigmatisation eingestellt. Es darf vorgestellt werden wie eine Art «Zeitreise», bei der sämtliche Sinneseindrücke, wie wir sie im diesseitigen Wachbewusstsein haben können, vorhanden sind – nur in eine besondere Zeit und an einen besonderen Ort versetzt. Es handelt sich dabei also nicht um sogenannte Visionen oder reine Schauungen, auch nicht um Imaginationen, sondern um das Durchleben des tatsächlich auf der Erde Geschehenen. Es können nicht nur visuelle Wahrnehmungen von den Persönlichkeiten der Zeitenwende und ihrer Umgebung, ihrer Kultur und Lebensweise stattfinden, sondern jeder Sinn – so wie er uns im Wachzustand zur Verfügung steht – ist an den Wahrnehmungen beteiligt. So kann beispielsweise auch die Sprache gehört, der Boden unter den Füßen, Kälte oder Wärme gefühlt werden.

Die andere Quelle für die Inhalte der Darstellungen ist eine gänzlich andere, jedoch eine nicht weniger authentische. Es wird den Ausführungen leicht zu entnehmen sein, an welchen Stellen die Schilderung der historischen Vorgänge zu einer geisteswissenschaftlichen Betrachtungsweise hin übergeht. Diese mag nüchterner, neutraler erscheinen als die Darstellungen zum sinnlichen Ablauf der Zeitenwende, was in gewisser Weise auch richtig ist. Denn es handelt sich dabei um eine möglichst genaue «Übersetzung» desjenigen, was als Tatsache in der geistigen Welt vorhanden und wahrnehmbar ist. Der geistige Mensch kann Intuitionen von diesen kosmischen Tatsachen haben, wenn sich sein Ich jenseits der Schwelle gänzlich aus dem Astralischen herauslöst, sodass er – das heißt sein Ich – in die Objektivität hineinkommt. Eindrücke dieser Art hat jeder Mensch während des Schlafes, doch gelingt es ihm selten, diese in sein Tagesbewusstsein zu überführen. Es ist eine schwierige und daher höchst verantwortungsvolle Aufgabe für den Menschen, diese objektiven Tatsachen, welche sein Ich jenseits der Schwelle hat aufnehmen können, nun auch in eine wirkliche Erkenntnis zu verwandeln, die ebenso wahrheitsgemäß ist, wie die reine

Wahrnehmung zunächst als gegeben vorhanden ist. Immer wieder ist zu überprüfen, ob die geistige Wahrnehmung auch tatsächlich demjenigen Begriff entspricht, dem man sie zuordnet. Erst wenn alle Ergebnisse dieser Prüfung standhalten, darf sich der Schüler der Geisteswissenschaft berechtigt fühlen, diese seine Ergebnisse als Geist-Erkenntnisse weiterzugeben.

Viele Menschen haben heute geistige Wahrnehmungen (man hört immer wieder, wie sehr diese Fähigkeit zunimmt), zum Beispiel auf der ätherischen oder astralischen Ebene. Doch bleiben diese Wahrnehmungen nutzlos oder sind nicht selten sogar Auslöser für eine große Verwirrung, wenn sie dem Menschen in ihrem wahrhaftigen Zusammenhang verhüllt bleiben. Jemand kann beispielsweise Wahrnehmungen von der ätherischen Welt haben, indem er in das Gebiet der Elementarwesen eintaucht. Doch können Aussagen über das Elementarreich nur Bestand haben, können nur dann wirklich objektiv sein, wenn sich der Mensch aus jener Ebene erhebt; das bedeutet, wenn er nicht ausschließlich die Erkenntnisebene der Elementarwesen teilt, sondern sich wie um eine Stufe heraufhebt zu einem Betrachtungsstandort, von dem aus er nicht nur von der Beschaffenheit der Elementarwelt berichten kann, sondern Erkenntnisse *über* die Elementarwelt haben kann. Es ist, wie wenn der Mensch in einem großen Gewässer schwimmt und dadurch aussagen kann, dass das Wasser tief und kalt ist. Aber erst, wenn er sich wie ein Vogel in die Lüfte erhebt, kann er überhaupt beurteilen, ob es sich bei diesem Wasser um einen großen See oder womöglich sogar um ein Meer handelt, erst dann kann er sehen, ob und wo das Wasser von Land umgrenzt ist, auf welchem Kontinent es sich befindet etc. Stets müssen also die eigenen Wahrnehmungen von einer höheren Warte aus angeschaut werden, um den Gesamtzusammenhang beurteilen zu können, wenn man verbindliche Zuordnungen machen will.

Es ist eine Errungenschaft der Geisteswissenschaft Rudolf Steiners, dass es uns heute möglich ist, unsere Wahrnehmungen mittels eines geschulten, klaren Denkens in wirklichkeitsgetreue Erkenntnisse zu verwandeln.

All diejenigen Aussagen, die in den folgenden Ausführungen nicht die sinnlichen Vorgänge der Zeitenwende zum Inhalt haben, entspringen der soeben geschilderten Erkenntnisquelle. Sie sind behutsam und mit der entsprechenden Ernsthaftigkeit ausgesprochen und keinesfalls «daherspekuliert». Daher mögen sie sachlicher oder unpersönlicher anmuten als die übrigen Schilderungen. Die Ursache dafür liegt in der oben beschriebenen Überpersönlichkeit, der Objektivität jenseits der Schwelle begründet. Dennoch sind es authentische, eigenständige spirituelle Ergebnisse, und wenn in den Ausführungen nicht die eigenen, sondern die Erkenntnisse Rudolf Steiners wiedergegeben werden, so wird ausdrücklich darauf hingewiesen.

Diese zweite Art der geistigen Wahrnehmung ist *keine* Folge des Stigmatisations-Ereignisses. Sie ist bereits vor der Stigmatisation vorhanden gewesen. Sie hat seitdem sogar eine Verstärkung erfahren.

Nach dem Erscheinen meiner Vorträge in Buchform haben einige Persönlichkeiten die genaue Darlegung meines sogenannten Schulungsweges eingefordert. Abgesehen davon, dass es nicht meine Intention war, Derartiges in diesem Buch darzulegen – denn es war und ist nicht mein persönliches Anliegen, das eigene Schicksal zum Hauptpunkt meiner Darstellungen, sondern mit den vorhandenen Mitteln das Christus-Ereignis durchdringbarer zu machen –, würde eine solche «Bauanleitung» recht kurz ausfallen und vermutlich nicht so, wie es sich diese Menschen vorstellen oder wünschen würden. Die oben geschilderte Wahrnehmungsart ist als Folge vorheriger Leben bereits in frühen Jahren vorhanden gewesen, ohne dass in dieser Inkarnation der beschwerliche Weg eines Eremiten mit allerlei Kasteiungen und Entsagungen meinen spirituellen Mitteilungen vorangegangen wäre. Jedoch schließt das eine gewisse Disziplin im Lebensgang als Folge des selbstverständlichen Lebens mit der geistigen Wirklichkeit keinesfalls aus – im Gegenteil. Nur ist diese Disziplin oder spirituelle Ehrfurcht in diesem Leben eher eine Folge als eine Vorbereitung gewesen. Nichtsdestotrotz wird eine «Kontinuität des Bewusstseins» jenseits der Schwelle immer nur dann möglich sein, wenn der Mensch in größter Anteilnahme, auch mit Leidensfähigkeit das Christus-Ereignis in sich aufgenommen hat und weiterhin in sich aufnimmt – wenn er sich anteilnehmend, liebevoll, demütig und dankbar nicht nur in seinem Gemüt, auch mit seinen Erkenntniskräften der geistigen Welt zuwendet, bis er selbst so stark berührt ist von jenem größten Menschheitsgeschehen, dass er sich wie stigmatisiert zu fühlen beginnt, weil er erkennt, weil er tief empfindet, dass sich das große Opfer des Erlösers auch für ihn selbst, für seine bescheidene Wesenheit, in der aber der Keim Gottes liegt, vollzogen hat.

So ist jene Kontinuität des Bewusstseins *vor* dem Stigmatisations-Ereignis vorhanden gewesen. Als sich nun das Miterleben der historischen Ereignisse einstellte, musste es nicht bei diesem reinen Miterleben bleiben, sondern die übersinnliche Erkenntniskraft konnte zusammengebracht werden mit den historischen Vorgängen. Man könnte sagen, das Werkzeug war bereits vor dem zu bearbeitenden Material da. Wer eine Geige bauen will, der muss ein gutes Werkzeug haben, und wenn er anfangen will zu schnitzen, sollte er dieses gute Werkzeug bereits zur Hand haben und nicht dann erst beginnen, sich eines herzustellen. Wenn er kein Werkzeug besitzt, hat er vielleicht das schönste Holz, das Rohmaterial, aber er wird keine Geige daraus herstellen können. So kann in diesem Falle die übersinnliche Erkenntniskraft das rechte Werkzeug sein, die spirituellen Hintergründe der sinnlichen Vorgänge, der historischen Ereignisse zu ergründen.

Berlin, im März 2006 *Judith von Halle*

VORWORT

Die nachfolgenden Ausführungen, welche die Inhalte eines Vortrags mit dem gleichen Titel aus der Vor-Osterzeit 2013 wiedergeben, sollen vorab – wie auch der damalige Vortrag – mit einem gewissen Schutzvermerk versehen werden.

Die anthroposophische Geisteswissenschaft ist – ganz wie jede andere Wissenschaft auch – darauf angewiesen, dass, wer sich für ihre Forschungsergebnisse interessiert, sich gewisse, für ein Verständnis dieser Forschungsergebnisse unentbehrliche Grundkenntnisse aneignet. Natürlich werden die meisten Menschen, die über eine solide Allgemeinbildung verfügen, mit Recht für sich in Anspruch nehmen können, grundlegende Mitteilungen aus den verschiedensten Wissenschaftsfeldern zu verstehen. Doch wird man einsehen, dass, je komplexer und tiefgehender die Auseinandersetzungen auf einem spezifischen Wissenschaftsfeld werden, uns weder eine exzellente Allgemeinbildung noch eine herausragende Intelligenz dazu befähigt, die entsprechende Thematik zu begreifen oder gar von den Ergebnissen als Basis für eigene, weitergehende Forschungen zu profitieren. Es wird sich wohl niemand darüber empören, dass man sich mit einem bestandenen Physikum, also mit den Kenntnissen eines Grundstudiums der Medizin, noch keine hinreichenden Grundlagen für das Verstehen eines umfassenden medizinischen Laborberichts erworben hat, sondern dass man dazu das gesamte Studium absolviert und vielleicht sogar bereits in der Praxis Erfahrungen gesammelt haben muss.

Wie anders reagieren aber viele Menschen, wenn man ähnliche Anforderungen für das Gebiet der anthroposophischen Geisteswissenschaft geltend macht! Zwar existieren für dieses Wissenschaftsfeld kein Numerus Clausus und auch keine Regelstudienzeiten mit ihren zu bestehenden Zwischen- und Abschlussexamen, das liegt aber daran, dass sich der Geistesschüler nicht einem äußeren Studiengang, sondern einem inneren, seelisch-geistigen Studium widmet. Doch sollte man sich deshalb nicht darüber hinwegtäuschen, dass das Studium der Geisteswissenschaft im Grunde noch viel härtere Bedingungen an seinen Schüler stellt als jeder äußere Studiengang. Das Studium der Geisteswissenschaft ist nicht nach ein paar Jahren beendet. Es währt das ganze Leben lang und zieht sich – wenn es dem Schüler wirklich ernst ist – über viele Inkarnationen hin. Auch kann man hier nicht die eine oder andere Schwäche durch eine gute Note in einem anderen Fach oder Kurs so ausgleichen, dass man eben doch noch das Diplom erhält. Hier sind die gestrengen Prüfer, welche die Maßstäbe für ein Weiterkommen setzen, einzig und allein die eigenen erworbenen, konkreten Fähigkeiten, ohne die der nächste Schritt erst gar nicht möglich wird.

Je nachdem ein Schüler der Geisteswissenschaft fortschreitet beziehungsweise fortgeschritten ist, wird ihm mehr und mehr Einsicht in die Zusammenhänge und Geheimnisse der übersinnlichen Welt zuteil. Dabei wird dieses Fortschreiten durch die mannigfaltigsten Faktoren bestimmt, die so individuell sind, dass man nicht pauschal sagen kann, dass ein Schüler, der gerade damit beginnt, erste zarte und vielleicht gering erscheinende Erfolge zum Beispiel auf dem Gebiet des ätherischen Wahrnehmens einer Pflanze zu machen, ein schlechterer Schüler ist als einer, der bereits das sogenannte Lesen der okkulten Schrift im Astrallicht beherrscht. Möglicherweise hat Letzterer bereits in einem früheren Leben Kenntnisse und Fähigkeiten erworben, die er sich ins gegenwärtige Leben mitgebracht hat, während Ersterer unter Umständen gerade den vergleichsweise größeren, weil für seine Entwicklung entscheidenden Schritt macht. Dennoch würde ihn eine spirituelle Auseinandersetzung über die Geheimnisse der astralischen und devachanischen Welt überfordern. Er wäre beim Entgegennehmen von Mitteilungen aus und über diese Sphären auf seine anfänglichen Erfahrungen mit der Ätherwelt angewiesen, ansonsten aber auf das Verstandesdenken seines Tagesbewusstseins beschränkt und daher nur äußerst eingeschränkt fähig, das Gesagte wirklich zu verstehen. – Und so gibt es auch auf dem übersinnlichen Studienweg ganz natürlicherweise ein Fortschreiten in «Semestern», in «Klassen» oder «Graden».

Wenn auch heute die Forschungsergebnisse aus den höheren Abteilungen der geisteswissenschaftlichen Arbeit kaum oder gar nicht mehr unter Klausur gehalten werden können – das bringen die gegenwärtigen und zukünftigen Verhältnisse eben mit sich –, sondern öffentlich hingestellt werden müssen, so werden sie dennoch nur demjenigen etwas bedeuten, der sie in einem höheren Sinne wirklich zu verstehen vermag; und eine gemeinsame Arbeit an solchen höheren Mitteilungen wird erst recht nur mit den bereits entsprechend geschulten Menschen möglich sein, die de facto eine bestimmte «Klasse» bilden oder einen bestimmten höheren «Grad» erreicht haben.

So wird der entsprechend Fortgeschrittene für die nachfolgenden Ausführungen auch nicht auf ausführlichere Erklärungen meinerseits angewiesen sein, weil er durch seine eigenen Erfahrungen in der übersinnlichen Welt so viel Verständnis für das Geschilderte aufbringen kann, dass er die andeutenden Worte und Imaginationen ins «Lebensgetreue» der entsprechenden Sphäre sozusagen zurück-erheben und ihnen ihr eigentlich Substantielles wiedergeben kann. Denn je höher die Warte ist, auf der sich erst bestimmte Tatsachen offenbaren und von der aus man diese schildert, umso mehr muss das, was über solche geistigen Geschehnisse und Tatsachen mit irdischen Worten gesagt wird, unvollständig bleiben, karg erscheinen – ja, es mag sogar für den irdischen Verstand zuweilen banal anmuten – und muss daher von dem Entgegennehmenden verlebendigt, nämlich in der rechten Weise durch sein eigenes übersinnliches Verstehen und Arbeiten ergänzt werden.

Mögen die folgenden Beiträge in diesem Sinne aufgefasst werden und für jeglichen Leser auf die eine oder andere Weise anregend wirken, das Christus-Ereignis immer mehr als das Zentral-Ereignis der Geistesentwicklung des freien Menschen zu verstehen!

30. Januar 2014 *Judith von Halle*

Die Evangelien: Zeugnisse unerkannter übersinnlicher Vorgänge

Wenn über einen Aspekt wie den hier zu bewegenden gearbeitet werden will, so lässt sich das nur auf zwei Arten tun. Entweder man bewegt die folgenden Inhalte in der Meditation, indem man in seinem eigenen Innern zu jenen Tatsachen des Mysteriums von Golgatha in die entsprechende Geistessphäre, in der sie zu finden sind, aufsteigt, oder – wenn man sich miteinander darüber austauschen will, wie es natürlich durch die Publikation in Buchform geschieht – indem man dasjenige, was eigentlich nur innerlich umfassend erlebt und verstanden werden kann, versucht in Worte zu kleiden. Die erste Methode bedarf keiner Wortfindung, Erläuterung, Darstellung. Die zweite hingegen ist auf Wortfindung, Erläuterung, Darstellung angewiesen. Sobald man so verfährt, muss aber bei allen in diese Arbeit Involvierten das klare Einvernehmen darüber herrschen, dass alles, was davon in Worte gefasst wird, zum gegenwärtigen Stand der Entwicklung den eigentlichen, lebendigen Inhalt nicht mehr enthält, sondern dass die Erläuterungen diesen mehr oder weniger abstumpfen beziehungsweise verstümmeln. – Um diesen Umstand abzumildern, um etwas kaum Aussprechbares, weil Übersinnliches, in «sinnliche» Worte fassen zu können, die wenigstens einen Anklang an das Tatsächliche haben, hat man sich seit jeher mit einer eher bildhaften Sprache beholfen.

Wir wissen heute durch die Evangelien von dem Christus-Geschehen der Zeitenwende wenig mehr als den ungefähren Verlauf der historischen Ereignisse auf dem physischen Plan.[1] Jedenfalls glaubt man dies in der Regel. Tatsächlich schildern aber die Evangelien Ereignisse, die nicht bloß exoterischer Natur sind. So geht doch beispielsweise die Erzählung von den Karfreitags-Ereignissen fließend über in die Erzählungen von den Ereignissen des Ostermorgens. Man muss sich nur einfach einmal darüber bewusst werden, dass die Erzählungen vom Ostersonntag, die von den Engeln am Grab und von dem auferstandenen Heiland und dem, was Er sprach und tat, zeugen, eindeutig *übersinnliche* Geschehnisse thematisieren, die sozusagen innerhalb der sinnlichen Welt stattfinden. Die Jünger sind inkarnierte, also auf der Erde in ihren materiellen Leibern lebende Menschen, und doch kommunizieren sie mit dem auferstandenen Christus in Seiner vergeistigt-physischen Gestalt. Sie empfangen durch Ihn spirituelle Unterweisungen, sie gehen neben Ihm, sitzen mit Ihm beisammen, obwohl Er nicht länger in einem materiellen Leib unter ihnen verkörpert ist wie sie selber.

Dies ist gewiss keine neue Entdeckung, aber es ist doch bemerkenswert, wie selbstverständlich die Schreiber der Evangelien zwischen sinnlichen und übersinnlichen Begebenheiten hin- und herpendeln beziehungsweise sinnliche und übersinnliche Ereignisse *in einem* darstellen.

Blickt man etwas differenzierter auf die Schilderungen der Evangelien, wird man feststellen, dass nicht nur die Szenen des Ostersonntags und die der folgenden Tage bis zur Himmelfahrt übersinnliche Vorgänge beschreiben, die in die sinnliche Welt sozusagen eingreifen, sondern dass auch die Karfreitags-Ereignisse nicht so eindeutig allein den sinnlich-physischen Zusammenhängen zuzuordnen sind wie allgemein angenommen. So heißt es zum Beispiel im Johannes-Evangelium mit Bezug auf den 22. Psalm: «*Als nun die Soldaten Jesus gekreuzigt hatten, nahmen sie seine Kleider und machten vier Teile daraus, für jeden Soldaten einen Teil, und den Rock: Der Rock war aber ohne Naht, von oben an als ein Ganzes gewoben. Da sagten sie zueinander: Lasset uns ihn nicht zerteilen, sondern darum losen, wem er gehören soll! – damit das Schriftwort erfüllt würde: ‹Sie haben meine Kleider unter sich verteilt und über mein Gewand das Los geworfen.*›»[2] – Bei Matthäus und Markus wird der aramäische Ausruf Jesu am Kreuz kurz vor seinem Tod angeführt: «*Elohi, Elohi, lama sabachtani*» und übersetzt mit «*Mein Gott, mein Gott, warum hast du mich verlassen?*»[3] – Und bei Matthäus, Markus und Lukas wird berichtet, dass im Todesmoment Jesu «*der Vorhang im Tempel von oben bis unten in zwei Teile zerriss*»[4]. Matthäus ergänzt sogar noch: «*Und die Grüfte öffneten sich und viele Leiber der entschlafenen Heiligen wurden auferweckt.*»[5] Dies sind nur einige Beispiele dafür, dass die Schreiber der Evangelien mit den

Berichten von den exoterischen Ereignissen stets auch die esoterischen Tatsachen festhielten, die mit den exoterischen gewissermaßen verschmolzen oder vielmehr diese bedingten. Man muss allerdings den entsprechenden geistigen Blick dafür entwickeln, dass die Berichte der scheinbar bloß sinnlichen Ereignisse gleichzeitig Berichte der übersinnlichen Ereignisse sind, sonst liest man über Entscheidendes einfach hinweg. So wird die erwähnte Psalmenstelle nicht zufällig im Johannes-Evangelium erwähnt, die an sich schon dem exoterischen Verständnis Rätsel aufgeben muss. Warum wird im Evangelium betont, dass der Rock Jesu *«ohne Naht, von oben an als ein Ganzes gewoben»* war? Warum prophezeiten überhaupt schon die Weisen der alten Zeiten, dass über sein Gewand, das *«nicht zerteilt»* wurde, *«das Los geworfen»* werden würde? Es ist hier nicht die Gelegenheit, diese Textstelle auszulegen, aber es soll versichert sein, dass sie einzig durch eine rein geistige Anschauung gedeutet werden kann.

Über den Ausruf Jesu am Kreuz wurde bereits in einem anderen Zusammenhang gesprochen.[6] Die wiedergegebenen aramäischen Worte, welche in hebräischen Schriftzeichen aufgeschrieben wurden, können – wegen der im Hebräischen grundsätzlich nicht verzeichneten Vokale – neben der bekannten Übersetzung *«Mein Gott, mein Gott, warum hast du mich verlassen?»* auch die Worte *«Mein Gott, mein Gott, wie hast Du mich verherrlicht!»*[7] ergeben. Tatsächlich kann man sagen:

Während des Todesaugenblicks rief gewissermaßen der Leib des Jesus von Nazareth, aus dem sich in jenem Moment das Ich des Christus herausrang, die Worte *«Mein Gott, mein Gott, warum hast Du mich verlassen?»*, da er spürte, wie er von seinem göttlichen Bewohner verlassen wurde. Und zugleich – die übersinnlichen Sphären durchtönend – rief wiederum das sich aus dem sterblichen Leib Jesu herausringende und das unsterbliche übersinnliche Abbild des physischen Leibes errettende Ich des Christus die Worte *«Mein Gott, mein Gott, wie hast Du mich* [nämlich das Ich-Bin] *verherrlicht!»*. An kaum einem anderen Beispiel ist die Durchdringung sinnlicher und übersinnlicher Vorgänge so plastisch darstellbar.

Und blickt man auf die dritte der genannten Textstellen, nämlich auf die Erzählung vom Zerreißen des Vorhangs im Tempel, welcher das Allerheiligste vom übrigen Tempelraum während aller Zeit vor der Kreuzigung Jesu Christi getrennt gehalten hatte, so wird auch damit ein zwar sinnlicher Vorgang beschrieben, der sich aber für den irdischen Verstand aus unerklärlichen Gründen ereignete, denn es war niemand da, der Hand an den Vorhang gelegt hätte, und doch zerriss er im Todesmoment Jesu auf Golgatha, und zwar *«von oben bis unten in zwei Teile»*.

Letzteres Beispiel ist eine *Real-Imagination* – ebenso wie die Erzählung von dem Rock ohne Naht, um den gelost wurde, oder die Kleider Jesu, die in vier Teile aufgeteilt wurden. Es sind in der Sinneswelt erscheinende Bilder für übersinnliche Tatsachen, die darauf warten, von dem übersinnlich verstehenden Menschen gedeutet zu werden. Man darf daran denken, dass Rudolf Steiner den vergeistigten physischen Leib des Auferstandenen – das sogenannte Phantom – als *«der reale Gedanke in der Außenwelt»*[8] bezeichnete.

Es wäre also ein grobes Missverständnis und ein wirkliches Verhängnis, in den Evangelien sinnliche von übersinnlichen Geschehnissen getrennt suchen zu wollen oder gar bis zum Zeitpunkt der Auferstehung lediglich von Schilderungen äußerlicher Ereignisse auszugehen. Man muss sogar sagen, dass nur der allergeringste Teil der übersinnlichen Ereignisse und der übersinnlichen Bedeutung der sinnlichen Ereignisse heute schon ausgelegt ist – ja, der allergeringste Teil der übersinnlichen Tatsachen der Geschichte des Christus Jesus auf Erden und des Golgatha-Geschehens in den äußeren Real-Imaginationen heute überhaupt nur entdeckt worden ist und entdeckt werden kann. Wir benötigen – wie Rudolf Steiner wiederholt zum Ausdruck brachte – übersinnliche Organe, um die bedeutungsvolle Schrift des Mysteriums von Golgatha entziffern zu können. Der Mensch ist aber gerade erst dabei, die ersten Entwicklungsschritte zu machen, um diese inneren Geistesorgane auszubilden. Insofern ist alles, was über das Mysterium von Golgatha in der Gegenwart gesagt werden kann, vergleichsweise erst die Spitze des Eisbergs, während der größte

Teil der Bedeutung dieses Zentralereignisses noch für uns im Meer unseres Unbewussten liegt. Doch die Entwicklung schreitet voran, und so werden der Menschheit Jahr für Jahr, von Inkarnation zu Inkarnation neue Offenbarungen über das Christus-Ereignis zukommen, bis – am Ende der Erdenzeit – der Mensch durch sein höheres Bewusstsein ganz eins geworden sein wird mit der übersinnlichen Tat Christi in der Zeitenwende. Dabei wird uns auf diesem Entwicklungsweg immer deutlicher werden, dass jede auf uns heute noch so unscheinbar wirkende Tat des Christus-Wesens auf Erden, jede noch so beiläufig oder bloß äußerlich erscheinende Schilderung in den Evangelien eine übersinnliche Tatsache von immenser Bedeutung für *unseren* jeweiligen sinnlich-übersinnlichen Zustand, für unseren Leib, unsere Seele, unseren Geist, unsere Ziele, unsere Handlungen ist.

Es liegen also noch viele ungehobene Schätze in den Evangelientexten, und es ist an uns, diese kostbaren Hinweise zu erkennen, welche einerseits allein durch unsere auf dem geisteswissenschaftlichen Schulungsweg sich entwickelnden Bewusstseinskräfte entdeckt werden können und andererseits unserem erwachenden Geistbewusstsein wiederum neue Welten des Verständnisses für das Christus-Ereignis erschließen.

Mit der nachfolgenden Betrachtung wollen wir uns nun dem Mysterium des Karfreitags nähern. Gerade weil man diese Karfreitags-Ereignisse auf Golgatha nicht selten als ganz in der Sinneswelt sich abspielende Vorgänge ansieht, als etwas, was dem Auferstehungs-Ereignis gegenüber angeblich weniger bedeutsam ist[9], soll nun unser Blick auf die *geistigen* Vorgänge gelenkt werden. Dieser Blick kann nun eigentlich einzig noch ein anthroposophisch-geisteswissenschaftlicher sein, denn die für das gewöhnliche Verstandesdenken unbrauchbaren Hinweise in den Evangelien leuchten uns erst dann wirklich als Hinweise auf das übersinnliche Geschehen entgegen, wenn wir sie mit den entsprechenden *übersinnlichen* Sinnesorganen als okkulte Bilderschrift zu «lesen», als okkulte Bildersprache zu «hören» vermögen.

Zwei kosmische Konstellationen auf Golgatha

Wenn wir uns nun also anschicken wollen, in die kosmische Konstellation zur Todesstunde auf Golgatha mit geistigen Augen hineinzuschauen, so sollte uns dabei eine ganz bestimmte innere Haltung begleiten. Zunächst sollten wir uns einen Augenblick in innerer Ruhe und Andacht darauf einstimmen und mit unseren lautersten Herzenskräften verinnerlichen, dass wir dazu in die Tiefen des Welten- und Menschenwesens vordringen werden, eigentlich sogar bis in die Tiefen des Urbeginn-Geschehens, von dem Johannes der Evangelist in seinem Prolog als dem «Logos im Anfang» spricht. Bedenkt man, dass jene geistige Entität, die der Logos genannt wird, im Urbeginn den Heiligen Geist, den Sohn und den Vater enthielt, bevor Er sich einer schöpferischen Tat im Sinne der Erdenwelt-Entwicklung zuwandte und somit eine trinitarische Emanation durchmachte, so kann man die rechte und notwendige Ehrfurcht und Demut vor den mit dem Karfreitags-Geschehen verbundenen Geistesmächten entwickeln. Denn jene trinitarischen Logos-Kräfte sind es, die das Karfreitags-Geschehen initiieren und begleiten.

Handelt es sich also darum, das mit den Schöpferkräften des Logos in Zusammenhang stehende Karfreitags-Geschehen zu betrachten – und in dem uns heute möglichen Maße zu verstehen –, werden wir uns von unserem bloß auf die Sinneswelt bezogenen Denken trennen und stattdessen lernen müssen, in kosmischen Bildern, in kosmischen Imaginationen zu verstehen, zu denken und zu empfinden. Wenn dies die Voraussetzungen unserer Arbeit sind, so wird einem deutlich, dass das schon eine ganz andere Arbeit als die eines Astronomen ist – und, wie sich bald herausstellen wird, auch eine andere Arbeit als die des Astrologen. Denn dasjenige Denken und Empfinden, das für eine solche Betrachtung, wie wir sie jetzt vornehmen wollen, hervorzubringen ist, ist ein durch die Bewusstseinsseelentätigkeit bereits verwandeltes Denken, welches die anthroposophische Terminologie als *Geistselbst* bezeichnet, und ein bereits – zumindest anfänglich – verwandeltes Empfinden, das auch *Lebensgeist* genannt wird. Wenn man sich diese «Arbeitswerkzeuge» vergegenwärtigt, die wie gesagt zugleich die Bedingungen zu einer solchen Betrachtung darstellen, dann können wir leicht einsehen, dass dies mit dem Arbeitsfeld und den Arbeitsvoraussetzungen eines konventionellen Astronomen gar nichts und eines Astrologen ebenfalls kaum etwas zu tun hat. Denn die hier einzig in Frage kommenden übersinnlichen Betrachtungen haben weder mit einer astronomischen Berechnung zu tun noch mit jenen Möglichkeiten, die der Astrologie offen stehen. Der Astrologe betrachtet eine Konstellation und deutet sie im Sinne eines bestimmten exoterischen oder auch esoterischen Ereignisses; oder er geht von einem bereits bekannten Ereignis aus und untersucht, ob mit diesem für ihn interessanten Ereignis auch eine dazu passende, aussagekräftige Konstellation einhergeht.

Natürlich kann man eine astronomische oder astrologische Konstellation für eine bestimmte Stunde jenes Karfreitags der Zeitenwende auf konventionelle Art berechnen. Solche Berechnungen sind ja auch von unzähligen Menschen angestellt und deren Ergebnisse hingestellt worden. Die hier zu betreibende Arbeit aber geht von einer ganz anderen Perspektive aus, denn sie beinhaltet das Lesen der okkulten Chronik von Erde und Menschheit. Und aus dieser Perspektive der sogenannten Akasha- oder übersinnlichen Chronik ergibt sich die Feststellung, dass einst zur Todeszeit auf Golgatha eine unverwechselbare *kosmische Konstellation* eingetreten ist, die den ganzen Lauf unserer Weltentwicklung und der Entwicklung unserer Menschenwesenheit von Grund auf verändert hat. Aber wir werden sehen, dass diese kosmische Konstellation dennoch nicht etwas ist, was man sich astronomisch oder auch astrologisch für gewöhnlich unter einer «Konstellation» vorstellt. Die genaueren Gründe hierfür werden wir im Weiteren erfahren. An dieser Stelle können wir jedoch bereits festhalten, dass man genau genommen das Ereignis des Todes Jesu, welches zugleich das Ereignis der Vereinigung des Sohnesgottes mit der Erde darstellt, weder astronomisch berechnen noch astrologisch deuten kann, weil es nämlich ein «unzeitliches» oder «überzeitliches», ein *aus dem gewöhnlichen Verlauf der Zeit herausfallendes* Ereignis ist. Man kann hingegen durchaus eine Berechnung für den *Zeitpunkt* machen, an dem der Tod stattgefunden hat. Das Ergebnis einer solchen Berechnung gibt aber nicht direkt über das *übersinnliche* Ereignis Auskunft, denn die Berechnung des Astronomen sowie des Astrologen basiert auf der Berücksichtigung von Zeit und Raum. Nur wenn Zeit- und Raumverhältnisse zugrunde gelegt werden, lässt sich eine astronomische oder auch eine astrologische Berechnung überhaupt anfertigen.

Man könnte also sagen, dass es für den Moment des Karfreitags-Geschehens *zwei* Konstellationen gibt:

einerseits die konventionell berechenbare, die auf die Uhrzeit, das Datum und auf den Ort des sinnlichen Geschehens eingeht, und andererseits eine gewissermaßen hinter dieser ersteren verborgene, ausschließlich übersinnlich «sichtbare» Konstellation, die das unmittelbare göttliche Wirken geistiger Mächte nicht nur abbildet, sondern *ist.*

Es mag nicht leicht fallen, sich eine kosmische Konstellation vorzustellen, die nicht berechenbar ist. Man muss sich auch nicht unbedingt an dem Begriff «Konstellation» festhalten, nur müssen wir die übersinnlichen Ereignisse doch mit den uns heute zur Verfügung stehenden Worten benennen, wenn wir über sie sprechen oder schreiben wollen. Eine Hilfe zum Verständnis dessen, was in den nachfolgenden Ausführungen über die kosmische Konstellation im Augenblick der Vereinigung Christi mit der Erde vorgebracht werden soll, kann uns ein Brief Rudolf Steiners geben, der an die Mitglieder der Anthroposophischen Gesellschaft gerichtet wurde im Zusammenhang mit den sogenannten «Leitsätzen» um die Weihnachtszeit 1924. In diesem Brief mit der Überschrift *«Himmelsgeschichte, Mythologische Geschichte, Erdgeschichte, Mysterium von Golgatha»*[10] wird darauf hingewiesen, dass man die *«Weltgestaltung»* – nicht allein, aber auch vom Standpunkt des menschlichen Bewusstseins aus gesehen – in *drei kosmische Epochen* unterteilt sehen muss.

In der *ersten* Epoche war das kosmische Weltgeschehen die *«unmittelbare Offenbarung der göttlich-geistigen Wesen. [...] Was da von den Weltenweiten erglänzte, was vom Erdenzentrum als Kräfte erstrahlte, das war in Wirklichkeit Intelligenz und Wille der göttlich-geistigen Wesenheiten, die an der Erde und ihrer Menschheit schufen.»*

In der *zweiten* Epoche, in der wir heute leben, *«löste sich der Sternenhimmel als körperliches Wesen aus dem göttlich-geistigen Wirken heraus». «Aus dem ursprünglichen Geist-Leib der weltschöpferischen Wesen ist ‹Weltengeist› und ‹Weltenleib› entstanden.» «Worinnen* [die Götter] *ursprünglich wirksam-anwesend waren, das wurde ‹Weltenleib›*. Und andererseits entstand die reine *«Geist-Welt»*, in der der Mensch mit seinem inneren geistigen Wesen lebt. [...] *Was also heute aus den Sternenwelten zu dem Menschen auf der Erde hereinscheint, ist nicht unmittelbarer Ausdruck von Götterwillen und Götterintelligenz, sondern stehen gebliebenes Zeichen für das, was diese in den Sternen einst waren.»* – Demgegenüber wirkten in der *ersten* kosmischen Epoche *«Weltengeist und Weltenleib als eine Einheit»*. Doch wurde diese zweite Epoche der Trennung der ursprünglichen Einheit zum Erkenntnisfeld des sich des Weltengeistes bewusst werdenden Menschen.

Schließlich wird es für die Weltgestaltung in fernerer Zukunft noch eine *dritte* kosmische Epoche geben, in der die Zweiheit, die sich in unserer gegenwärtigen, mittleren Epoche entfaltet hat, wieder zu einer Einheit zusammenfinden wird, *«in der der Weltengeist den Weltenleib wieder in seine Wirksamkeit übernehmen wird»*.

Für unsere Betrachtung ist es nun hilfreich zu berücksichtigen, dass Rudolf Steiner betont, wie es ausschließlich in unserer gegenwärtigen kosmischen Epoche überhaupt möglich ist, Sternenkonstellationen zu berechnen. *«‹Berechnung› hat nur eine Bedeutung für die mittlere kosmische Epoche.» «Sternenkonstellationen und Sternenlauf»* wären in der alten kosmischen Epoche *«nicht zu ‹berechnen› gewesen»*, und in der zukünftigen dritten Epoche *«werden sie wieder nicht zu berechnen sein»*, denn dann werden die kosmischen Konstellationen wiederum *«Ausdruck der freien Intelligenz und des freien Willens von göttlich-geistigen Wesen sein»*.

Es gilt also für unsere gegenwärtige kosmische Epoche, dass – man könnte sagen *lediglich* – *«das Räumliche und Zeitliche ‹berechenbar›»* ist und dass *«das Göttlich-Geistige als Intelligenz- und Willens-Offenbarung ‹hinter› dem ‹Berechenbaren› gesucht werden muss»*. – Für dieses Suchen *«hinter»* dem *«Berechenbaren»* aber müssen wir uns mit unserem Bewusstsein in die Sphäre des Weltengeistes erheben.

Nun fällt das Mysterium von Golgatha zwar in die zweite kosmische Epoche hinein, in der die Trennung der Sternenkörper, also des «Weltenleibes», von dem

«Weltengeist» herrscht, weshalb die bloßen Gestaltungen des Weltenleibes als Konstellationen berechenbar sind; doch das Mysterium von Golgatha als *geistiger* Zeitenwendepunkt fällt ebenso sehr *heraus* aus dieser kosmischen Epoche der Trennung, wie es im äußerlichen, zeitlich-räumlichen Sinne, also als geschichtliches Ereignis in sie hineinfällt. Das Mysterium von Golgatha ist – neben der Schöpfung unserer Welt im Urbeginn – gewissermaßen die verdichtetste Form der Offenbarung des freien Willens des Weltengeistes überhaupt. Es wird mit voller Berechtigung «Zeitenwendepunkt» genannt, denn es leitet als «überzeitliches» und «überräumliches» Geistgeschehen die Entwicklung der irdischen und kosmischen Weltgestaltung zu einer zukünftigen Wiedervereinigung von Weltenleib und Weltengeist ein. Dabei dürfen wir aber nicht vergessen, dass zwar das Mysterium von Golgatha ein Geistgeschehen, eine freie Opfer-Tat des Christus ist, dass sich aber diese Opfer-Tat des freien göttlichen Weltenwillens nicht innerhalb der Geistwelt – oder des *«Weltengeistes»* – allein ereignet hat, sondern durchaus *zugleich* innerhalb des *«Weltenleibes»*, also auf der physischen Erde als Teil des vom Weltengeist losgelösten *«körperlichen Wesens»* des *«Sternenhimmels»*, wie Rudolf Steiner es formulierte.

Das ist der Grund dafür, warum – wie gesagt – für den Todeszeitpunkt auf Golgatha, als *äußerlich geschichtlichem*, also Raum und Zeit angehörendem Ereignis, eine «berechenbare» Sternenkonstellation vorhanden war –

so wie auch für jedes andere Ereignis im äußeren Fluss unseres Zeitenlaufes –, dass aber zugleich in Bezug auf das *geistige* Geschehen dieses Augenblicks Verhältnisse herrschten, wie sie eigentlich nur für die von Rudolf Steiner beschriebene alte, erste beziehungsweise *dritte*, zukünftige kosmische Epoche gelten können.

Für unsere Betrachtung müssen wir die beiden ineinander liegenden, sich wie gleichzeitig ereignenden Geschehnisse des Karfreitags der Zeitenwende gut unterscheiden: nämlich zum einen den *Tod Jesu* – als äußerlich geschichtliches Ereignis auf dem physischen Plan –, und zum anderen die *«Geburt» Christi* – als «hinter» dem äußerlich geschichtlichen Ereignis liegende übersinnliche und damit überzeitliche und überräumliche Tat der freien Intelligenz und des freien Willens Gottes, also das Eindringen des Christus-Geistes in die Erde.

Jene kosmische Konstellation, auf die wir in der vorliegenden Betrachtung schauen wollen, ist unmittelbarer Ausdruck des letztgenannten *übersinnlichen* Geschehens, nämlich des Eindringens des Christus-Geistes in die Erde. Daher sind wir nun aufgerufen, auf dieses Ereignis gewissermaßen mit solchen Augen zu blicken, wie wir sie erst in der dritten, zukünftigen kosmischen Epoche, in welcher Weltenleib und Weltengeist wieder eine Einheit sein werden, vollständig ausgebildet haben werden. Ja, wir müssen uns bis zu einem gewissen Grade zu einem geistigen Welterleben aufschwingen, wie es in der *dritten* kosmischen Epoche vorhanden sein wird, um zu einem annähernden Verständnis jener *nicht berechenbaren* kosmischen Konstellation des freien Christus-Willens zu kommen. Denn das Mysterium von Golgatha als direkte *Verbindung* zwischen *Weltenleib* und *Weltengeist* bricht wie ein die Zweiheit unserer gegenwärtigen kosmischen Epoche sprengendes beziehungsweise heilendes Ereignis in Zeit und Raum herein.

Eine unmögliche Sonnenfinsternis?

Wenn wir dies berücksichtigen, nämlich die Tatsache des *übersinnlichen* Wirkens des Weltengeistes während des Mysteriums von Golgatha, wird uns die Aussage der Astronomen, dass nämlich die in den *Evangelien* verbürgte *vollständige Sonnenfinsternis* für jenen Zeitraum, in dem sich die Karfreitags-Ereignisse abspielten, *nicht* stattgefunden haben kann, kaum verwundern oder gar irritieren. Natürlich wird man schnell zugeben müssen, dass zum Zeitpunkt der Kreuzigung Jesu, welche kurz vor dem Pessachfest stattfand, keine uns bekannte Art der Sonnenfinsternis hat eintreten können[11], weil das Pessachfest bei Vollmond gefeiert wird, eine Sonnenfinsternis aber nur bei Neumond eintreten kann. Zusätzlich werden die exoterischen Untersuchungen der kosmischen Ereignisse des Karfreitags der Zeitenwende durch die Frage nach der Datierung des historischen Karfreitags erschwert[12], was mit den verschiedenen Kalendersystemen zusammenhängt. Selbst wenn man – trotz aller Hindernisse der kalendarischen Bestimmung anderer historischer Ereignisse der Zeitenwende, die helfen sollen, die Kreuzigung zeitlich einzuordnen – das «richtige» Jahr gefunden hat, so lassen sich die in Frage kommenden Sonnenfinsternisse (oder auch Okkultationen) nicht für den verbrieften Monat oder gar Tag der Kreuzigung finden; und bei denen, die man mit den Methoden der astronomischen Berechnung für den Raum Jerusalem gefunden hat und die in einigermaßen zeitlicher Nähe des Ereignisses gelegen haben – wobei hier «zeitliche Nähe» allerdings schon Differenzen von einem halben Monat bis zu sechs Jahren zu dem eigentlichen Ereignis bedeuten –, kann nicht einmal in allen Fällen von einer *totalen Sonnenfinsternis* gesprochen werden, sondern von Sonnenfinsternissen, die vermutlich für den damaligen Menschen kaum oder überhaupt nicht optisch wahrnehmbar waren. – Wie man es dreht und wendet: sämtliche Erklärungsmodelle und Hypothesen der exoterischen Wissenschaften bleiben unzureichend.

Gerade aufgrund dieser unbefriedigenden exoterischen Forschungsergebnisse kann man aber zu der Einsicht gelangen, dass man an die Untersuchung des Christus-Ereignisses nicht mit den Methoden der «zweiten kosmischen Epoche», mit den Mitteln der Berechnung, herangehen kann – was trotzdem immer wieder versucht wird. Glaubte man, an die spirituelle Dimension des Christus-Ereignisses mithilfe astronomischer Berechnungen heranzukommen, so käme das der irrigen Vorstellung gleich, durch eine naturwissenschaftliche Methode, wie die der Archäologie, die Existenz des Christus auf Erden belegen zu können. Würde heute ein historisches Werkzeug gefunden, das man eindeutig dem Tischlerlehrling Jesus von Nazareth zuschreiben könnte, so hätte man dadurch schließlich immer noch keinen Beweis für die Anwesenheit des Christus-Gottes im Menschenleib des Jesus von Nazareth erbracht.

Gewiss, heute wird ohnehin die spirituelle Dimension des Karfreitags von den gängigen Wissenschaften weitgehend bestritten, indem viele, die im Dienste dieser Wissenschaften tätig sind, ganz nach der Art von «Kindern» der *zweiten* kosmischen Epoche argumentieren: Lassen sich keine naturwissenschaftlichen Beweise für die Verfinsterung des Himmels zur Todesstunde auf Golgatha finden, so ist die gesamte Darstellung der Evangelien und damit auch die Behauptung von der Existenz Jesu und schon gar der angeblichen Existenz eines damals inkarnierten Gottes unseriös und letztlich nicht ernst zu nehmen. Es seien diese Themen höchstens für das Gebiet der Theologie interessant, und zwar als bloße *Glaubens*fragen, sie hätten aber nichts mit der nachweisbaren «Wirklichkeit» zu tun.

Verwunderlich ist bei einer solchen Argumentation

allerdings, dass die für das Betreiben exoterischer Wissenschaften notwendigen und auch eingesetzten Verstandeskräfte hier nicht dazu verwendet werden, um zu dem Schluss zu kommen, dass durch einen nicht vorhandenen exoterischen Befund kein *Gegenbeweis* bezüglich eines *esoterischen* Geschehens erbracht ist. Schließlich muss jedes Gebiet mit den ihm gemäßen Mitteln und Methoden bearbeitet und untersucht werden. Solange von Vertretern der exoterischen Wissenschaften behauptet wird, es gäbe keine «Beweise» für die Existenz einer esoterischen Welt, zeigen sich diese Vertreter selbst befangen durch eine *Glaubens*frage, denn solche Behauptungen resultieren aus der bloßen persönlichen Meinung, aus dem Glauben, dass die esoterische Welt keine wirkliche sei; sie wären aber ohne weiteres revidierbar für den, der sich bereit erklärt, die für eine esoterische Untersuchung notwendigen esoterischen Untersuchungsmethoden anzuwenden, so wie er die für eine exoterische Untersuchung notwendigen exoterischen Untersuchungsmethoden anwendet.

Es kann also *nicht* als erwiesen erklärt werden, dass sich *keine* besondere kosmische Konstellation zur Todesstunde auf Golgatha ereignet hat, nur weil sie auf dem Gebiet der äußeren Wissenschaften nicht nachweisbar, nicht berechenbar ist – zumal die Evangelien davon berichten, dass die Verfinsterung zur Todesstunde Jesu von den damals Anwesenden deutlich wahrgenommen wurde. Tatsächlich war diese Sonnenfinsternis so außergewöhnlich, dass eine regelrechte Panik in der Stadt ausbrach, denn sie wurde auch noch von einem Erdbeben begleitet, so dass die *«Felsen zerrissen»*[13] und sich *«die Gräber auftaten»*[14], und darüber hinaus zerriss der Vorhang im Tempel, der seit seiner Errichtung das Allerheiligste vom übrigen Tempelraum getrennt und für die Blicke der Uneingeweihten verborgen gehalten hatte. *«Und alles Volk, das dabei war und zusah, da sie sahen, was da geschah, schlugen sich an ihre Brust.»*[15] Dieses Sich-an-die-Brust-Schlagen war in der Antike dramatische Handlung, die ausgeführt wurde im Angesicht eines unabwendbaren Schicksalseingriffs in die menschliche Verfasstheit oder das alltägliche Leben auf Erden. Anders als die allgemeine Menschheit der Gegenwart wussten die damals Anwesenden dieses so vollständig ungewöhnliche Ereignis sehr wohl als etwas zu deuten, das eben nicht äußerlich erklärbarer – oder anders gesagt «berechenbarer» – Natur war. Es handelte sich um ein Ereignis, das in seiner Art in der Geschichte der Menschheit niemals zuvor beobachtbar gewesen ist, weshalb sich dessen übersinnlich kosmische Konstellation auch nicht mit irgendeiner uns bekannten kosmischen Konstellation vergleichen lässt.

So wenig es sich bei der Sonnenfinsternis der Zeitenwende um eine gewöhnliche Sonnenfinsternis handelt, ebenso wenig handelte es sich bei dem von Matthäus beschriebenen Erdbeben um ein gewöhnliches Erdbeben. Für gewöhnlich liegen die tatsächlichen Ursachen für die Bewegung der Erde in seelisch-geistigen Zuständen begründet, die sich aus der menschlichen Moralität beziehungsweise Amoralität ergeben; denn diese seelisch-geistige Moralität des Menschen steht in einem direkten Zusammenhang mit den tieferen geistigen Schichten des Erdenkörpers, auf dem wir leben. Erdbeben sind daher der äußere, sinnliche Ausdruck von in den geistigen Tiefen der Erde herrschenden übersinnlichen Zuständen.[16] – Das Erdbeben zur Zeit der Kreuzigung wurde aber nicht von innen, also durch die weitgehend unbewussten moralischen Vergehen der Menschheit, sondern durch die bewusste moralische Tat des von außen, nämlich aus den Weiten des geistigen Kosmos her kommenden und auf die Erde einwirkenden Christus-Geistes hervorgerufen, der in jenem Moment in die Erde eindrang. Während also für gewöhnlich die Erde gewissermaßen von *innen* her bebt, bebte sie damals sozusagen von *außen*, das heißt aufgrund der aus dem Kosmos in sie hineinwirkenden göttlichen Kräfte.

Wir müssen daher hinter dem äußeren Geschehen, das in den Evangelien beschrieben ist, den freien göttlichen Willen, die übersinnliche Offenbarung des Weltengeistes suchen. Dazu haben wir unseren natürlichen Blickwinkel, der uns in der gegenwärtigen kosmischen Epoche an die Erde bindet, für die Dauer dieser Betrachtung aufzugeben. Aus diesem Grund wird der Leser an dieser Stelle noch einmal darum gebeten, die folgenden Mitteilungen ganz im Sinne des im Vorwort und im Beginn dieser Ausführungen Gesagten entgegenzunehmen; anderenfalls wird das Folgende für ihn keine wirkliche Bedeutung haben.

Was die damals auf Golgatha anwesenden Menschen erlebten, war ein Geschehen, das sie sich aus der Weltsicht der zweiten kosmischen Epoche, in der nicht nur wir heute stehen, sondern in der die Zeitzeugen des Mysteriums von Golgatha sich ebenfalls befanden, nicht erklären konnten. Eben dies war auch der Grund für die Erschütterung und die unsägliche Furcht, die sie im Augenblick der Verfinsterung ihrer Welt ergriffen. Dass solche außergewöhnlichen Verhältnisse aber, mit denen allenfalls die wenigen Eingeweihten der damaligen Zeit gerechnet hatten, innerhalb der zweiten kosmischen Epoche überhaupt eintreten konnten, hängt damit zusammen, dass an jenem denkwürdigen Tag noch etwas anderes eintrat als der Tod Jesu am Kreuz.

Stoffes-Sterben und Geist-Geburt

Aus den Darstellungen Rudolf Steiners zum sogenannten fünften Evangelium ist bekannt, dass im Augenblick des Todes Jesu von Nazareth der *Christus* in die

Erde hinein *geboren* wurde, also das irdische Leben Christi im eigentlichen Sinne erst begann: «*Das Mysterium von Golgatha selber müssen wir verstehen als die irdische Geburt, also den Tod des Jesus als die irdische Geburt des Christus. Und Sein eigentliches Erdenleben müssen wir suchen nach dem Mysterium von Golgatha, da der Christus seinen Umgang gehabt hat* [...] *mit den Aposteln, als diese Apostel in einer Art von anderem Bewusstseinszustand waren.* [...] *Und was beschrieben wird als die Himmelfahrt und die darauf folgende Ausgießung des Geistes, das müssen wir bei der Christus-Wesenheit auffassen als dasjenige, was wir beim menschlichen Tode als das Eingehen in die geistigen Welten anzusehen gewohnt sind. Und das Weiterleben des Christus in der Erdensphäre seit der Himmelfahrt oder seit dem Pfingstereignis müssen wir vergleichen mit dem, was die Menschenseele durchlebt, wenn sie im sogenannten Devachan, im Geisterlande ist.*»[17]

Um sich diesen gewissermaßen anachronistischen Verlauf des Lebens Christi zu verdeutlichen, können wir es dem Verlauf des Lebens und des Todes Jesu gegenüberstellen:

- Im Augenblick der *Taufe Jesu* vollzieht sich die *Zeugung Christi.*
- Die Dauer des *Lebens Jesu* zwischen Taufe und Tod

entspricht im Hinblick auf den *Christus* sozusagen der *Reifeperiode im Mutterleib.*

- Im Augenblick des *Todes Jesu* am Kreuz findet die *Geburt Christi* auf Erden, in die Erde statt.
- Das *Leben Christi* auf der *Erde*, mit der Erde, in der Erde beginnt mit dem Tode Jesu und *endet* in einem gewissen Sinne mit der *Himmelfahrt*, die sozusagen den *irdischen Tod des Christus* darstellt.
- Zwischen *Himmelfahrt* und *Pfingsten* erhebt sich Christus in die *Äthersphäre* der Erde, so wie der Mensch nach dem irdischen Tod sich in die höheren Geistgebiete erhebt.

Wenn man sich dieses ausschließlich übersinnlich sichtbaren Lebensganges Christi bewusst wird, kann man schon erahnen, dass dieser Moment des Welten-Wendepunktes seinen Ausdruck in einem gewaltigen kosmischen Szenario gefunden haben muss. Die Verbindung des höchsten übersinnlichen Wesens mit dem sinnlichen, ins Mineralreich verdichteten Erdenleib ist eine bis zum Augenblick des Mysteriums von Golgatha nie zuvor vollzogene Tat Gottes gewesen – und zwar eine freie Opfertat des Weltengeistes, um der Menschheit die Möglichkeit zu schenken, sich die Einheit von Weltenleib und Weltengeist eines fernen Tages wieder zurückerobern zu können.

In seinem Vortragszyklus *«Von Jesus zu Christus»* fand Rudolf Steiner ergreifende Worte für diese Liebestat des Weltengeistes an dem Weltenleib und seinen auf ihm lebenden Geschöpfen, Worte, die nicht oft genug gehört werden können: «*Dessen müssen wir uns klar sein, dass keine menschliche Empfindung zunächst in der Lage ist, jene Intensität der Liebe zu empfinden, die notwendig war, um den Entschluss zu fassen für einen Gott, der dessen nicht bedurfte, in einem menschlichen Leibe auf Erden zu wirken. Dadurch wurde – als durch eine Tat der Liebe – dasjenige Ereignis hervorgebracht, welches das wichtigste ist in der Menschheitsentwickelung.* [...] *Ja, wahrhaftig, es ist möglich, zu der Imagination von dem Berge zu gelangen, auf dem das Kreuz erhöht war, jenes Kreuz, an dem ein Gott im Menschenleibe hing, ein Gott, der die Tat aus freiem Willen – das heißt aus Liebe – vollbracht hat, damit die Erde und die Menschheit an ihr Ziel kommen können.*»[18]

Im Augenblick der Todesstunde auf Golgatha, in dem der Jesus von Nazareth am Kreuz verscheidet, wird der Christus erst im eigentlichen Sinne in sein irdisches Dasein hineingeboren. – Wie leicht fällt es uns, einen solchen Satz auszusprechen oder mit unserem intellektuellen Verstand eine solche Tatsache zu denken! Doch in Wahrheit ist es eine Illusion, dass wir dieses Mysterium mit dem Verstand begreifen können. Da wir fortan – für den Gang dieser Betrachtung – zwar ganz objektiv sachgemäß arbeiten wollen, aber doch gerade *nicht* mit den bloßen Mitteln des Intellekts, sondern einen würdigen

Zugang zu diesem Mysterium finden wollen, sollten wir über eine Tatsache wie die eben genannte gedanklich nicht hinweg- oder hinausgehen, wenn wir nicht zuvor mit all unseren lautersten Seelenkräften versucht haben, uns in ein adäquates inneres Verhältnis zu dieser Liebestat Gottes zu setzten. Es ist daher immer wieder geboten, einen Moment innezuhalten, damit die rechten Empfindungen unsere weitere Betrachtung begleiten können. Man mag sich nur einmal vor die Seele stellen, unter welchen immensen Erschütterungen sich eine solche vom Tode Jesu begleitete Geburt des Christus-Geistes sowohl in der physischen als auch in der geistigen Realität vollzogen hat. So dürfen wir die unaussprechlichen Folter- und Todesqualen Jesu als die wohl schmerzhaftesten «Geburtswehen» würdigen, die ein Mensch je durchlitten hat. Warum waren sie so schmerzhaft? Weil jedes einzelne Hindernis, welches jede einzelne Menschenseele noch in sich trägt, bis sie einst ganz zu Christus findet, von dem Christus-Wesen *vor* Seiner Erden-Geburt gewissermaßen auf einen Schlag erlebt und geschultert werden musste, und zwar in dem Leib des Jesus von Nazareth, der diese schier unvorstellbare Last auszuhalten hatte, damit das Liebesopfer Gottes dargebracht werden konnte. Dadurch erst ist es jedem von uns möglich geworden, den Weg zurück in unsere geistige Heimat überhaupt zu finden. Die Koinzidenz vom Sterben Jesu und vom Geborenwerden Christi hat eine unmittelbare Verbindung zu unserem eigenen seelisch-geistigen Wesen und dessen weiterer Entwicklung. Darum heißt es in den erwähnten Ausführungen Rudolf Steiners in dem Vortragszyklus «*Von Jesus zu Christus*» weiter: «*Du kannst zur menschlichen Würde kommen; nur eines darfst du nicht vergessen, dass du das, was du bist, dem verdankst, der dir wieder zurückgebracht hat dein menschliches Urbild durch die Erlösung auf Golgatha! – Den Freiheitsgedanken sollten die Menschen nicht ergreifen können ohne den Erlösungsgedanken des Christus. Dann allein ist der Freiheitsgedanke ein berechtigter. Wenn wir frei sein wollen, müssen wir das Opfer bringen, unsere Freiheit dem Christus zu verdanken.*»[19]

Nun gilt es, mit der Kraft unserer verwandelten Herzen zu erkennen, dass sozusagen «hinter» dem gewaltsamen und grausamen äußeren Tod Jesu ganz und gar seelisch-geistige Prozesse walteten, die zugleich den Tod Jesu wie auch die wahre Geburt des Erlösers bedingten. Was sich nach außen hin vollzog, war gewissermaßen die Kehrseite der inneren, okkulten Geschehnisse. Wer damals mit sinnlichen Ohren den Todesschrei Jesu wahrnahm, hörte die Worte: «*Mein Gott, mein Gott, warum hast Du mich verlassen?*» Wer jedoch mit jenen Ohren, die dem Geiste aufgetan sind, die Geburtslaute Christi zu vernehmen vermochte, erkannte die Worte: «*Mein Gott, mein Gott, wie hast Du mein Ich verherrlicht!*»[20]

Diese Verherrlichung des Ichs (desjenigen Wesensgliedes, welches den Menschen zu einem freien göttlichen Wesen erhebt) durch den Vatergott im Augenblick der Erdengeburt Christi ist ein Ereignis, das nicht nur den Lauf der menschlichen Entwicklung, sondern die ganze bisherige kosmische Ordnung verändert.

Es kann uns nun deutlich werden, dass jene allerschütternden Vorgänge im Zusammenhang mit der Geburt der Christus-Gottheit, die sich für Sinnesaugen weitgehend verborgen *hinter* den äußeren Ereignissen der Kreuzigung Jesu vollzogen, eine kosmische Konstellation bedingten, die vollkommen anderer Art sein muss als die berechenbare Sternenkonstellation, die sich auf das sozusagen äußere Ereignis des Sterbens Jesu bezieht. Und wir werden diese besondere kosmische Konstellation im Augenblick der Erdengeburt des Christus nur dann annähernd richtig verstehen, wenn wir versuchen, sie aus der Perspektive der zukünftigen, dritten kosmischen Epoche zu betrachten; oder wenn wir uns zumindest darüber bewusst sind, dass sie ein Ereignis darstellt, das wie blitzartig für einen «zeitlosen» Augenblick die Verhältnisse der ersten beziehungsweise dritten kosmischen Epoche, in denen Weltenleib und Weltengeist eine untrennbare Lebenseinheit bilden, in unsere Zeit der «Trennung» hineingestellt hat.

Von Geburt und Tod des Logos-Christus

Um uns die im Moment der Erdengeburt des Christus-Geistes herrschende kosmische Konstellation in ihren Grundzügen erlebbar zu machen, gibt es zweifellos verschiedene Möglichkeiten. Wem sich dieses kosmische Ereignis durch einen unmittelbaren inneren Eindruck bis zu einem gewissen Erkenntnisgrad selbst enthüllt, ist auf die folgende Verständnis-Hilfe nicht angewiesen. Er wird aber möglicherweise – da er ohnehin an der Vertiefung und Erweiterung seiner diesbezüglichen Erkenntnisse arbeitet – dennoch mit Interesse auf den nachfolgenden Hinweis blicken, der einen unerwarteten Zugang zu jenem Mysterium bietet.

Es geht um eine okkulte Tatsache, die von Rudolf Steiner einmal in einem Vortrag über das Leben zwischen dem Tode und einer neuen Geburt in kurzen prägnanten Worten zusammengefasst worden ist:

«*Wenn ein Mensch stirbt, also durch die Pforte des Todes geht, dann stirbt er unter einer gewissen Sternenkonstellation. Und diese Sternenkonstellation ist in der Tat wesentlich für sein weiteres Seelenleben insofern, als sie sich in einer gewissen Weise abdrückt in sein Seelenwesen und als Abdruck wirklich bleibt. Und es bleibt das Bestreben in dieser Seele, mit dieser Sternenkonstellation wiederum hereinzukommen bei der neuen Geburt, wiederum gerecht zu werden den Kräften, die man aufgenommen hat im Todesmoment, wiederum hereinzukommen in dieser Sternenkonstellation. Und da ist es interessant: Wenn man so versucht die Sternenkonstellation herauszubekommen für einen menschlichen Tod, so stimmt die Sternenkonstellation der späteren Geburt in hohem Maße überein mit der Sternenkonstellation des früheren Todes.*»[21]

Der Mensch versucht also bei einer neuen Geburt, sich unter einer (dem neuen Geburtsort entsprechenden) ähnlichen oder gar gleichen Sternenkonstellation wiederum auf Erden einzuleben, wie diese im Augenblick seines Todes in der letzten Inkarnation gegeben war.

Dass uns dieser Hinweis auf die kosmischen Todes- und Inkarnationsbedingungen im vorliegenden Falle weiterhelfen könnte, erscheint zunächst abwegig – geht es uns doch nicht etwa um jene Sternenkonstellation des Todes des Menschen *Jesus von Nazareth*, also um eine durchaus berechenbare Konstellation, sondern um eine im Sinne der Gesetze der zweiten kosmischen Epoche *nicht* berechenbare Konstellation im Augenblick der Erdengeburt *Christi*. Auch wird sich einem sogleich die Frage ergeben, ob diese – den *Menschen* betreffende – okkulte Gesetzmäßigkeit überhaupt für das *Christus-Wesen* Geltung haben kann. Was sich mir daher zunächst als nicht beachtenswert, weil zu abwegig für die hier in Rede stehende nicht berechenbare kosmische Konstellation darstellte, führte bei einer nichtsdestotrotz durchgeführten näheren esoterischen Untersuchung verblüffenderweise zu demselben Ergebnis meiner vorherigen, auf anderem Wege gefundenen esoterischen Untersuchung des kosmischen Geschehens auf Golgatha.

Da für denjenigen, der sich erstmalig einen Verständniszugang zu dem Mysterium der nicht berechenbaren kosmischen Konstellation im Moment der Erdengeburt Christi bahnen will, die Berücksichtigung der von Rudolf Steiner oben beschriebenen okkulten Gesetzmäßigkeit eine große Hilfe sein kann, habe ich mich entschlossen, das im Grunde schwerlich in irdische Worte zu bringende Mysterium der kosmischen Konstellation im Geburtsmoment Christi von dem soeben erwähnten Zugang aus dem Leser erschließbar zu machen. Und das bedeutet, dass man sich einmal auf das Experiment einlasse, die hier durch Rudolf Steiner getroffene Aussage über die Reinkarnationsbedingungen im Zusammenhang mit einem früheren Tode von der gewöhnlichen Menschenseele auf die Christus-Wesenheit zu übertragen.

Es kann dieses Vorgehen natürlich lediglich wie eine Art Stütze betrachtet werden, die – wenn man den ersten steinigen Abschnitt des Weges bewältigt hat – wieder fortgeworfen werden kann und muss. Dass die Anwendung dieser okkulten Inkarnationsgesetzmäßigkeit auf den Christus dennoch durchgeführt werden darf, hängt damit zusammen, dass für den Christus selbst eine okkulte Tatsache gilt, die für keinen anderen Gott

Geltung hat: Gott hat sich in dem Christus in die Inkarnation, das heißt in eine menschliche Behausung begeben und hat in dieser alle Bedingungen des gefallenen, in den toten Stoff aus der geistigen Heimat hinabgesunkenen Menschenwesens erfahren – bis hin zum irdischen Tode und über diesen hinaus. Denn das, was menschlicher Tod war, wurde durch den Gott geistiges Leben: Jesu Tod ward dem Menschen durch Christus «Geistgeburt». So hat die Christus-Gottheit Menschenleben und Menschentod durchgemacht – anders als alle anderen göttlichen Wesenheiten des kosmischen Reigens. Darum wird auch der Christus Jesus mit Berechtigung genannt: «wahrer Mensch und wahrer Gott», was auch in dem Wort des Johannes-Prologs, welches in das Credo eingegangen ist, zum Ausdruck kommt: «et incarnatus est» – «und das Wort ist Fleisch geworden». Nur dadurch, dass Christus ganz in das Menschentum hinabgestiegen ist, konnte er uns zum Erlöser werden. So wahr es ist, dass der Christus mit keinem menschlichen Wesen gleichgesetzt werden kann, so wahr ist es auch, dass Er der *«Menschheitsrepräsentant»*[22], der Repräsentant unseres wahren Menschentums ist, *«eine Wesenheit, die den Menschen»* darstellt *«in seiner göttlichen Offenbarung»*[23].

Nun müsste also nach der durch Rudolf Steiner geschilderten Gesetzmäßigkeit – so wie wir sie jetzt tatsächlich auf die irdische Geburt des *Christus* übertragen – die kosmische *Geburtskonstellation* des Christus auf Golgatha – die im Augenblick des äußeren Todes Jesu stattfindet – eine Ähnlichkeit aufweisen mit der kosmischen Konstellation im Augenblick des *Todes* des Christus. Wenn wir die kosmische Konstellation im Augenblick des Todes Christi kennten, so könnten wir auch der Entdeckung der verborgenen kosmischen Konstellation auf Golgatha näherkommen. Derjenige «Tod» des Christus-Wesens, nach dem wir hier suchen, ist aber natürlich nicht der, welcher als «Himmelfahrt» bezeichnet worden ist, denn wir müssen schließlich nach einem Todes-Ereignis suchen, das der Erdengeburt des Christus *vorangegangen* ist.

Aber wo, so wird man sich fragen, ist denn solch ein Todes-Ereignis für die Christus-Wesenheit zu suchen? Gibt es ein solches überhaupt? Auch wird ein solches Todes-Ereignis ebenso okkult sein wie die irdische Geburt Christi zum Zeitpunkt des Todes Jesu – und damit nicht ohne Weiteres auffindbar.

Diese Untersuchungen zählen durchaus zu den Aufgaben höherer Grade der Geheimschulung. Und da schon wiederholt auf die Voraussetzungen hingewiesen worden ist, die erfüllt sein müssen, um solche Betrachtungen wirklich anteilnehmend entgegenzunehmen, muss nun darauf vertraut werden, dass der Leser dieser Ausführungen wohl weiß, wie er sie zu verstehen hat – nämlich nicht mit dem bloß intellektuellen Verstand, der in engen

Grenzen versucht Maß zu nehmen und dabei die eigentliche Bedeutung der Vorgänge hinter den notwendigerweise unzureichend bleibenden sprachlichen Bildern, die ohnehin nur eine gewisse Vorstellung von den betreffenden Mysterien vermitteln können, nicht erkennt.

Vergegenwärtigen wir uns also für die Frage nach einem allfälligen Tod des Christus-Wesens, die *vor* dessen Erdengeburt in der Zeitenwende stattgefunden haben könnte, die folgenden Worte des Prologs des Johannes-Evangeliums: *«Im Urbeginne war das Wort* [der Logos].*»* – *«Alles ist durch dasselbe* [nämlich dieses Wort, den Logos] *geworden. Und außer durch dieses ist nichts von dem Entstandenen geworden.»*

Unsere gesamte Schöpfung, der Kosmos, die Sterne, die Planeten, unser Erdenleib und alles, was darauf lebt, ja alles, was überhaupt je entstanden ist, ist aus dieser göttlichen Einheit, die der Evangelist den *Logos* nennt, hervorgegangen. Doch nun denken wir uns diese Schöpfung, die nahezu unendliche Vielfalt der Kreaturen, welche aus dem Logos hervorgegangen sind, nicht allein als einen grandiosen Schaffensakt, welchen die Schöpfung aus unserer Sicht, nämlich aus der Sicht ihrer Kreatur naturgemäß darstellt, sondern versuchen wir empfindend zu denken, was dieser Schöpfungsakt im Urbeginn für den Logos bedeutet hat. Wenn auch kein menschliches Wesen dazu vollständig in der Lage ist, werden wir dennoch gewahr werden können, dass durch die

Aufspaltung der Einheit des Logos im Urbeginn in all dasjenige, was wir die Schöpfung nennen, also Raum und Zeit, die verschiedenen göttlichen Hierarchien, die Gestirne als Götterwohnorte und so weiter, dass durch diese Aufspaltung, welche die Schöpfung erst ermöglichte, auch sukzessive, nämlich je weiter sich die Vielfalt der Schöpfung entwickelte, sozusagen immer mehr Kraft und Unversehrtheit der göttlichen Einheit, die vor dem Urbeginn vorhanden war, verloren gegangen ist. Sie ist frei-willig von diesem Logos-Wesen aufgegeben worden – aus Liebe zu Seiner Schöpfung. Die ursprüngliche göttliche Unversehrtheit des Logos existiert seither nicht mehr. Dies muss man sich durchaus deutlich machen, und zwar schon aus dem Grunde – und das ist eine harte innere Probe –, weil der Menschheit, uns, das Vertrauen entgegengebracht wurde, das Ich-Geschenk des Logos als Mittel zu gebrauchen, um eines Tages alle Spaltung wiederum in die Einheit zurückzuführen. Die Möglichkeit, dies zu befördern, zu erreichen, ist da. Es ist aber durch die Freiheit, die der Mensch zum Geschenk erhalten hat, auch die Möglichkeit vorhanden, dass diese Einheit durch den Menschen *nicht* wieder hergestellt wird. Diese Möglichkeit ist aus Liebe zu Seiner Kreatur, nämlich aus dem Impuls heraus, Seine Kreatur zu einem eigenständigen göttlichen Wesen heranreifen zu lassen, von dem Logos-Wesen zugelassen worden. Und so liegt in dem Augenblick des Entschlusses und der Durchführung ihrer Aufspaltung, um anderen Wesen das Leben und die Freiheit zu schenken, für die Logos-Wesenheit selbst in gewisser Weise ein *Todesmoment.* Es war ein Todesmoment für die unversehrte göttliche Einheit der Logos-Wesenheit, welcher ein Ende setzte dem Zustand von Unendlichkeit jener unzeitlichen Zeiten, die gewissermaßen *vor* dem Urbeginn lagen, der erst den Anfangspunkt der Schöpfung bildete.

In diesem Todesmoment im Urbeginn haben wir eine Opfertat des Logos zu sehen. Jedes Opfer bedeutet für diejenige Wesenheit, die es erbringt, eine Art von persönlichem Tod zu erleiden. Es muss von der opfernden Wesenheit etwas unwiederbringlich fortgegeben werden, damit das Opfer tatsächlich ein Opfer darstellt. Es kann das, was fortgegeben wurde als wahrhaftige Opfergabe nicht aus eigener Kraft wieder zurückgeholt werden. Es kann die opfernde Wesenheit lediglich darauf vertrauen, dass ihr die durch das Opfer beschenkte Wesenheit etwas vergelten wird und ihr eines Tages etwas aus freien Stücken wiederum zurück spendet. – Dass die allmächtige Gottheit des Urbeginnes sich in dieser Weise der Ohnmacht gegenüber ihrer eigenen Vollkommenheit an die menschliche Kreatur ausliefert, sich also ihrer Allmacht durch die Schöpfung begibt, mag dem irdischen Verstand absurd erscheinen. Doch mit diesem können wir – wie gesagt – in einer solchen Betrachtung nicht vorankommen. Sehr wohl aber kann man bei einem gewissen inneren Fortschritt auf dem Geistesschülerpfad entsprechende Seelenkräfte entwickeln, die ahnend das wunderbare Geheimnis der Ohnmacht des Allmächtigen, der Allmacht des Ohnmächtigen zu fassen vermögen. Ohne jedoch jemals von der selbstlosen Liebe erfahren zu haben, kann man sich diesem Mysterium freilich nicht nähern.

So dürfen wir den im Prolog sogenannten *Urbeginn* als jenen Augenblick ansehen, in dem der Logos des Vor-Urbeginns einen sozusagen persönlichen *Tod* durchgemacht hat.

Man könnte nun sagen: Die Christus-Wesenheit, welche am Karfreitag der Zeitenwende auf Golgatha in die Erde hineingeboren wurde, verhält sich zu dem Logos des Vor-Urbeginns wie ein unversehrter Teil dieses Logos selbst; und die irdische Geburt der Christus-Wesenheit wurde von der Dreifaltigkeit, zu der sie gehört, zugelassen, um ihrer Schöpfung die Möglichkeit zu schenken, sich wieder mit ihr zu verbinden und die Schöpfung in die Einheit des Logos des Vor-Urbeginns zurückzuführen. Bevor sich diese irdische Geburt des Logos-Anteils, des Christus, im Augenblick des Todes Jesu auf Golgatha ereignete, hatte in ferner Vergangenheit der Logos durch das Verlassen seiner unversehrten Einheit, durch sein eigenes Aufspalten in das, was wir als die überbordende Vielfalt der Schöpfung kennen, einen Todesmoment durchgemacht. Dies ist der *Tod* des Logos, welcher der *Geburt* auf Golgatha *vorangegangen* ist.

Und auf eben jenen Todesaugenblick, der der Christus-Geburt auf Erden vorausging, müssen wir nun hinblicken. Denn – wir erinnern uns an die okkulte Gesetzmäßigkeit, dass *«die Sternenkonstellation der späteren Geburt in hohem Maße übereinstimmt mit der Sternenkonstellation des früheren Todes»*[24] – es müsste nun die kosmische Konstellation im Augenblick des Urbeginns, der für den Logos das Heraus-Sterben aus seiner unberührten, unzeitlichen Einheit bedeutet hat, *«in hohem Maße»* übereinstimmen mit jener kosmischen Konstellation zur Geburtsstunde des Christus auf Erden, welche mit dem Augenblick des Todes Jesu auf Golgatha zusammenfällt und potentiell die Rückkehr in die vormalige Einheit ermöglicht.

Obgleich sich die bereits erwähnte okkulte Gesetzmäßigkeit auf jene Sternenkonstellationen bezieht, die während der zweiten kosmischen Epoche berechenbar sind, muss man aufgrund der realen Gegebenheiten, die im Geistgebiet gefunden werden können, feststellen, dass auch in diesem einmaligen Fall, welcher aus jeder Berechenbarkeit unserer kosmischen Epoche herausfällt, eine deutliche Übereinstimmung der nicht berechenbaren kosmischen Konstellation zum Todesaugenblick des Logos im Urbeginn mit der nicht berechenbaren kosmischen Konstellation zum Geburtsaugenblick des Christus-Logos in der Zeitenwende besteht.

Wir kommen mit den uns in der Gegenwart zur Verfügung stehenden Erkenntniskräften an unsere Grenzen, wenn wir einen geistigen Blick auf die kosmischen Verhältnisse des Urbeginn-Geschehens zu unternehmen wagen. Denn es handelt sich um denjenigen Moment, der eigentlich ebenso außerhalb von Raum und Zeit liegt wie innerhalb von Raum und Zeit. Es ist der Moment, da aus dem Sein Entwicklung wird, da dasjenige, was wir als «unseren» Kosmos bezeichnen, überhaupt erst geboren wird (– wie wir wissen: durch den Opfertod des Logos). Und obwohl in diesem Moment sowohl das räumliche Element als auch das zeitliche Element, jedenfalls im Keim, veranlagt werden, ist jene kosmische Konstellation, die das geistige Auge finden kann, selbstverständlich mit keiner Berechnungsmethode einer mittleren, zweiten kosmischen Epoche zu fassen. Denn da der Augenblick der Erschaffung der Welt sozusagen den Anfang der ersten kosmischen Epoche bildet, ist für den Menschen die kosmische Konstellation des Augenblicks der *«Schöpfung aus dem Nichts»*[25] mit keiner kosmischen Konstellation zu vergleichen, die er aus seiner irdischen Erfahrung her kennt.

Man könnte wohl sagen, es handle sich um jenes Ereignis, das von der Welt der Berechenbarkeit, der Welt der materialistischen Anschauung heute als «Urknall» bezeichnet wird, ohne dass allerdings dahinter der unmittelbar wirkende Weltenwille oder «Weltengeist» erkannt wird.

Wie nimmt sich aber für die *geistige* Anschauung die kosmische Konstellation im Augenblick des Urbeginn-Geschehens aus? Dieser Welten-Urbeginn bezeichnet jenen Moment, da der Logos-Wille schöpferisch, schaffend wird. Doch von der Schöpfung selbst ist noch kaum etwas zu «sehen», weil das, was Schöpfung werden wird, sich noch kaum entfaltet hat. Zwar herrscht gegenüber dem vorherigen Zustand der Einheit nun ein gewissermaßen kosmisches Chaos, da die Einheit vollständig zerrissen wird, doch kann auch beobachtet werden, dass das soeben Entstehende sich noch ganz um die ursprüngliche, gerade noch vorhanden gewesene Einheit herum konzentriert. Das, was also als erste Schöpfung aus der Einheit herausgeworfen ist, bezieht sich zunächst noch auf das, woraus es hervorgegangen ist. Ein Bild, welches die Vorstellung von diesem Zustand

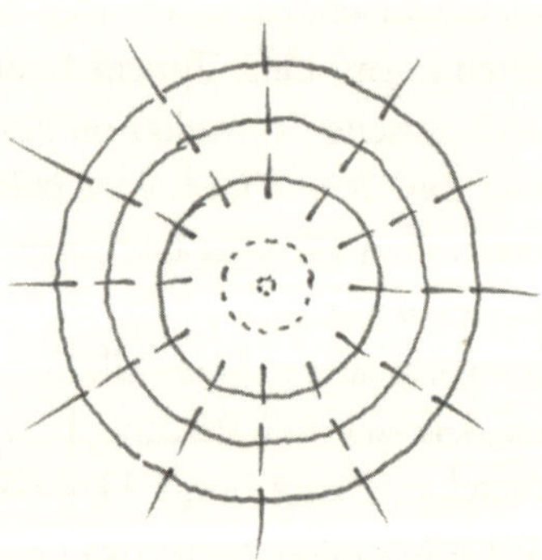

Auseinanderstiebende Schöpfung – bezogen auf das ursprüngliche, nun aufgelöste Zentrum der Einheit

des Urbeginns in einer gewissen Weise erhellen mag, ist die Imagination von den die Sonne umkreisenden Planeten – ohne Kreisbewegung und ohne die im Zentrum sichtbare Sonne. Im geistigen Sinne umgab tatsächlich im Urbeginn die Schöpfung den Logos als nunmehr aufgelöster Kräftequell.

Die kosmische Konstellation zur Erdengeburt Christi – «Freier göttlicher Wille des Weltengeistes»

Richten wir nun wieder unseren Blick auf die kosmische Konstellation im Augenblick des Mysteriums von Golgatha, auf die kosmische Geburtskonstellation des Christus-Logos, so weist diese in einem gewissen Sinne eine Übereinstimmung mit den kosmischen Verhältnissen des Urbeginnes, also der «Todeskonstellation» des Logos, auf. Im Moment der irdischen Geburt Christi, welcher aus der Zeit herausfällt, in welchem die Zeit aufgehoben, inexistent ist, aber von irdischer Zeit sozusagen umschlossen – gleich einem kurzen Pralaya –, tritt ebenfalls eine kosmische Konstellation ein, die nach astronomischen oder astrologischen Gesichtspunkten nicht berechenbar, ja als unmöglich betrachtet werden muss.

Es kann wiederum nur versucht werden, Worte zu finden, die eine gewisse Vorstellung von dem Ereignis geben können, doch müssen solche Worte, die unserer gegenwärtigen Epoche der Trennung zwischen Weltenleib und Weltengeist entstammen, zur eigenständig erschlossenen Imagination geformt werden, um nicht gänzlich abstrakt, unpräzis oder gar absurd anzumuten. Denn schließlich soll ein Ereignis geschildert werden, das *«unmittelbare Offenbarung»* von *«Götterwille und Götterintelligenz»*[26] ist. Es kann also das kosmische Geschehen im Augenblick des Ereignisses von Golgatha mit Worten beschrieben werden, die am ehesten auf die Real-Imagination, der viele der damals anwesenden Menschen gewahr wurden, zutreffen: Alle Gestirne rückten mit einem Mal, tief leuchtend, nahe an die Erde heran – und: *Sonne und Mond tauschten ihre Plätze.*

Es soll versucht werden, diese Worte verständlicher zu machen.

Das Kreuz des Christus Jesus auf Golgatha war nach West-Nord-West ausgerichtet. Die Kreuze der beiden Schächer standen ihm gegenüber, so dass die drei Kreuze eine Art offenes Dreieck bildeten, was von oben betrachtet leicht erkennbar wird.

Der Schächer zur Rechten Christi blickte – es war um die Mittagsstunde – in die Sonne. Auch dies darf als eine Real-Imagination aufgefasst werden, denn es war der Schächer zur Rechten des Herrn, der Ihn als den Christus, als die *geistige Sonne* erkannte. Der Schächer zur

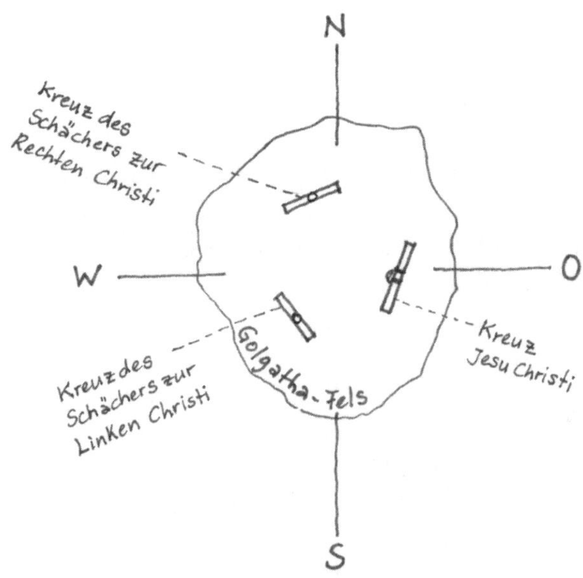

Grundriss/Aufsicht auf die Positionen der Kreuze auf Golgatha

Linken hingegen war der Sonne *abgewandt*. Er erkannte den Erlöser nicht.

Die Positionen der Schächerkreuze auf dem Erdenplan entsprechen den Seelenverfassungen der Schächer, während der Christus, welcher *vor* dem Augenblick seiner irdischen Geburt in dem Leib des Jesus von Nazareth verkörpert ist, im geistigen Sinne die Sonne selbst darstellt – in dem Leib des Jesus am Kreuz hängend, welches nach West-Nord-West weist, befindet sich die Christus-Sonne beim Aufrichten des Kreuzes gewissermaßen in Süd-Ost-Süd. Bei der Kreuzaufrichtung und bis zum Tode Jesu ist der Christus-Geist noch in dem Jesus von Nazareth anwesend. Der Sonnengeist hat sich noch nicht mit der Erde verbunden. Anhand der auf Golgatha für irdische Sinne sichtbaren Kreuzigungsszene offenbart sich unserem geistigen Blick eine vollendete, urbildhafte Imagination: die noch *über* der Erde schwebende Christus-Sonne in dem am Kreuz erhöhten Leib des Jesus von Nazareth.

Drei Stunden währte die Frist von der Annagelung an das Kreuz bis zum Tode Jesu beziehungsweise bis zur Geburt Christi, nämlich von der «sechsten» bis zur «neunten» Stunde. Man bezeichnete damals die erste Stunde des neuen Tages, die Stunde des Sonnenaufgangs, als diejenige Stunde, die wir als sechs Uhr morgens bezeichnen. Die sechste Stunde war dementsprechend die Mittagsstunde, zwölf Uhr. Kurz vor der neunten Stunde, also kurz vor drei Uhr am Nachmittag, das ist kurz vor dem Augenblick des Todes Jesu beziehungsweise dem Augenblick der Geburt Christi, stand die Sonne im Süd-Westen und der Mond, der Vollmond, mehr oder weniger im Nord-Osten – sozusagen «hinter» der Erde.

In dem Augenblick aber, da der Tod des Jesus von Nazareth eintritt und der Christus-Logos seine irdische Geburt erlebt, in dem er nämlich in die Erde eintaucht, da wird für den kurzen Moment eines zeitlosen Pralayas die Erde zur *Sonne*. Durch den Abstieg des Christus-

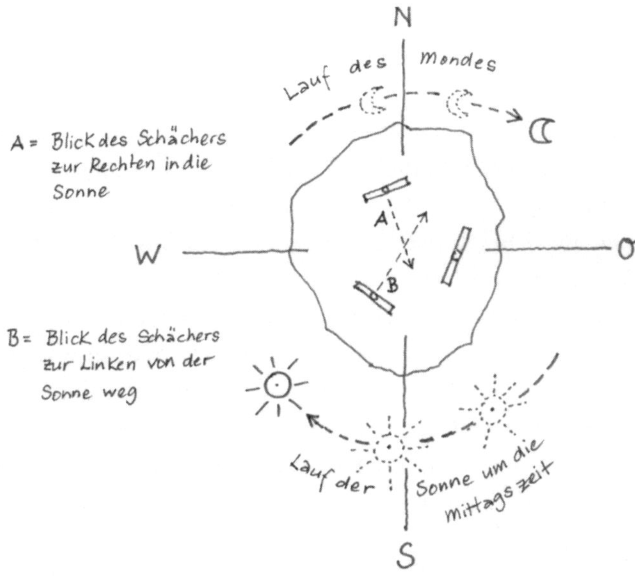

Logos in die Erde wurde die Erde zu Seinem Leib. Er legte den Sonnenkeim in ihr Innerstes. In die Erde dringt in diesem heiligsten Moment ein: die Sonne selbst – indem die Christus-Sonne die Erde mit ihrem Geist erfüllt. Es wird einen «zeitlosen» Augenblick vollständig wahr, was am Ende der Entwicklung von Erde und Mensch wahr werden kann, wenn der Mensch den in jenem Augenblick in die Erde gelegten Sonnenkeim zur vollen und dauerhaften Entfaltung bringt.

Mit diesem Geschehen veränderte sich für einen Moment der Zeitlosigkeit als ein äußeres Wahrbild des inneren geistigen Vorganges das gesamte kosmische Gefüge im Sinne der möglichen Erfüllung des Erdenziels am Ende der irdischen Entwicklung. Für den geistigen Blick stellt sich die wahre – nicht berechenbare – kosmische Konstellation dar: Die Christus-Sonne, die in die Erde eingeht, bezieht alle planetarischen Konstellationen auf die Erde, weil die Erde in jenem Augenblick der Wohnort der Sonne, des Logos, ist. So wie im Urbeginn alle kosmischen Körper oder vielmehr Gewalten auf das Zentrum, auf den Logos, bezogen waren, so waren im Augenblick des Mysteriums von Golgatha die Planetenkörper auf die *Erde* bezogen, weil diese für einen Moment lang ganz zur Sonne wurde – zum *lebendigen Weltenleib* des *lebendigen Weltengeistes*, des Logos.

So haben wir für den entscheidenden Moment des Karfreitages der Zeitenwende *zwei* kosmische Konstellationen: zum einen die auf die Minute berechenbare Sternenkonstellation des Todesaugenblicks Jesu, die in gewisser Hinsicht eine wie viele vor ihr und nach ihr ist. Die Berechnung dieser Konstellation ist im Grunde ebenso «tot» wie das, was sie berechnet, nämlich das Todeshoroskop des Jesus von Nazareth.

Zum anderen haben wir die okkulte, alles durchwirkende kosmische Konstellation der Erden-Geburt der Geistessonne, welche im herkömmlichen Sinne nicht zu berechnen ist, weil in ihr gewissermaßen *alle drei* kosmischen Epochen miteinander verschmelzen: die nicht berechenbare erste Epoche, die mit dem Welten-Urbeginn einsetzte, die berechenbare zweite Epoche, in der die Materialisation des Christus-Gottes stattfindet, und die wiederum nicht berechenbare dritte Epoche, in welche Erde und Menschheit durch die Tat von Golgatha als Teil des Weltenganzen einstmals eingehen werden.

Die Inkarnation des Gottes kann nur in der zweiten kosmischen Epoche vollzogen werden – «wahrer Mensch und wahrer Gott»; aber dadurch, dass dieser Gott auf die Erde, in den Erdenleib hinabsteigt, erfüllt sich das, was für die erste und dritte kosmische Epoche gilt, in denen nämlich Weltenleib und Weltengeist eine Einheit bilden: der *Weltengeist Christus* nimmt die *Erde* als seinen *Weltenleib* an.

Die damals anwesenden Menschen, welche die Ereignisse auf Golgatha miterlebten, waren hingegen – wie wir – Kinder einer Epoche, die gerade dadurch gekennzeichnet ist, dass Weltengeist und Weltenleib voneinander abgelöst sind. Was sie bezeugten, war etwas, das für ihr Verständnis unerklärlich, unmöglich sein musste, und diejenigen, deren Gemüter nicht gänzlich verhärtet waren, wie beispielsweise der Lanzenträger Longinus oder sein Hauptmann, suchten aus ihrer Perspektive der zweiten kosmischen Epoche heraus *«das Göttlich-Geistige als Intelligenz- und Willens-Offenbarung ‹hinter› dem ‹Berechenbaren›»*.

Die Aufhebung der Berechenbarkeit jener kosmischen Konstellation zum Zeitpunkt des Karfreitag-

Geschehens, der Zusammenschluss des Weltengeistes Christus mit dem Weltenleib der Erde war «*Ausdruck der freien Intelligenz und des freien Willens*» eines «*göttlich-geistigen Wesens*», der nicht «berechenbaren», nämlich vollendet altruistischen Opfertat Christi.

So darf man die Worte Rudolf Steiners, die sich auf jene vergangene kosmische Epoche beziehen, in welcher die eben beschriebene Einheit herrschte, als eine geradezu «maßgeschneiderte» Beschreibung der kosmischen Verhältnisse während des Ereignisses von Golgatha verstehen: «*Was da von den Weltenweiten erglänzte, was vom Erdenzentrum als Kräfte erstrahlte, das war in Wirklichkeit Intelligenz und Wille der göttlich-geistigen Wesenheiten, die an der Erde und ihrer Menschheit schufen.*»

Was in jenem Moment auf Golgatha geschah, was durch das Ereignis auf Golgatha mit der Welt geschah, konnten die meisten Zeitzeugen nicht begreifen, denn sie standen fest verwurzelt in den Verhältnissen der zweiten kosmischen Epoche. Aber manche von ihnen konnten gerade aufgrund des Eintritts einer eigentlich unmöglichen kosmischen Konstellation ahnen, dass sich hier die lebendige Gottheit im Sternenwirken kundtat.

Mit dem Eintritt Christi in die Erde wurde das *zukünftige Weltendasein*, in dem die kosmischen Konstellationen unmittelbarer Ausdruck des freien Geisteswillens sein werden, *veranlagt* und damit auch ein neues Weltverständnis der Menschheit – es war und ist der

Weltenwendenpunkt. Dass wir überhaupt heute davon sprechen können, dass es in ferner Zukunft wieder eine Epoche geben wird, die der ersten ihrem Wesen nach gleicht, verdanken wir der Opfertat Gottes auf Golgatha.

Was nun die Menschen damals auf Golgatha miterlebten, das war – wie eben bereits erwähnt – das übersinnlich kosmische Ereignis des *Heranrückens aller Gestirne*, aller «Weltenleiber», *an die Erde* sowie des *Tauschs der Positionen von Sonne und Mond.*

Soweit es Worte der Sinnessprache zulassen, soll dieses Ereignis für den, der durch seine okkulten Fähigkeiten geübt und gewillt ist, hinter solchen Worten die übersinnlichen Tatsachen zu gewahren, näher beschrieben werden: Die Sonne, die in der Mittagsstunde des Karfreitags sichtbar war, wurde für den Todesaugenblick Jesu, hinter dem für den übersinnlichen Blick der Geburtsmoment Christi offenbar wird, sozusagen zu einer «alten» Sonne. Für einen Augenblick – nämlich während der Dauer dieses kurzen Pralayas, welches selbst ohne Dauer, zeitlos ist – wird der Sonnen-Weltenleib nur mehr zu einer Art schwachem, äußerem Abbild der *eigentlichen*, nämlich *geistigen* Sonne – jener Sonne, die in die Erde einzieht und in der Erde geistigem Innern einen Keim ihrer selbst hinterlässt. Es ist die «Christus-Sonne», die durch ihre Verbindung mit der Erde dieser den Geistes-Sonnen-Keim einpflanzt.

Diese wahre Geistessonne ist also im Geburtsmoment Christi mit der Erde verbunden, und das, was als äußerliches Himmelsgestirn, als ein gewissermaßen verlassener Götterwohnort zurückbleibt, ist jene Sonne, die hier als die «alte» Sonne bezeichnet wird.

Ähnlich wie im Augenblick des Welten-Urbeginnes, von dem der Prolog spricht, kreisen nun für diesen kurzen, aus der Zeit herausgehobenen Augenblick die Planeten und auch die Sterne um die eigentliche Geistessonne *in der Erde*. Der ganze Kosmos kreist um das Zentrum des Weltenseins, um den *Logos-Christus*, welcher in diesem Moment die Erde als Wohnort, als seinen Weltenleib angenommen hat.

Daher dreht sich im Erden-Geburtsmoment Christi die «alte» Sonne auf die Position des Mondes und der Mond auf die Position der «alten» Sonne, während der eigentliche Geist der Sonne, die «neue» Sonne, in die Erde eingeht. Die Erde wird während jenes kurzen Pralayas auf Golgatha zu dem, was sie einmal werden soll: die Erde wird Sonne.

Seit jeher sind in der christlichen Kunst von denen, die von diesem Mysterium des Tauschs der Positionen von Sonne und Mond intuitiv gewusst haben, die Kreuzigungsdarstellungen entsprechend ausgeführt worden. Man wusste, dass der Erlöser – als für die Menschenseele aufgehende Geistessonne – am Kreuz von Osten nach Westen blickte. Dieser Tatsache und dem Myste-

Egbert Kodex, um 980
Kreuz Jesu Christi im Osten (nach Westen gewandt),
Sonne im Norden und Mond im Süden

Reliquienkästchen aus dem Hildesheimer Domschatz, 1125

Hortus Deliciarum, Enzyklopädie der Herrad von Landsberg, Odilienberg, um 1185

Psalter der Blanka von Kastilien, um 1230
Oberer Kreis: Die Sonne auf dem Hintergrund der nördlichen Finsternis (bla
der Mond auf dem Hintergrund der südlichen Helligkeit (orange)

Missale des Jean II. Rolin, um 1450
Die Sonne versinkt im Norden, der Mond wird als Neumond dargestellt

Werkstatt Rogier van der Weyden, um 1455

Hans Memling, 1491

Raffael, 1502

rium des Planetentauschs folgend haben die alten Meister vom Blickwinkel des Betrachters aus die *Sonne* links neben dem Kreuz, also im *Norden*, und den *Mond* rechts neben dem Kreuz, also im *Süden* dargestellt. Siehe Farbbildteil nach Seite 72.

Das geistige Bild, welches vor denjenigen hintritt, der das äußere Geschehen auf Golgatha mit den kosmischen Wirkungen des Weltengeistes zusammenschaut, ergibt eine vollendete, lebendige Imagination, in welcher sich die in der Kreuzigungs- und Geburtsszene wirkenden geistigen Kräfte ineinander webend offenbaren: Die Kräftestrahlung der «alten» Sonne – von ihrem mit dem Mond getauschten Platz aus – schießt von hinten rechts durch das Kreuzigungswundmal der linken Hand Jesu; die Kräftestrahlung des Mondes – von

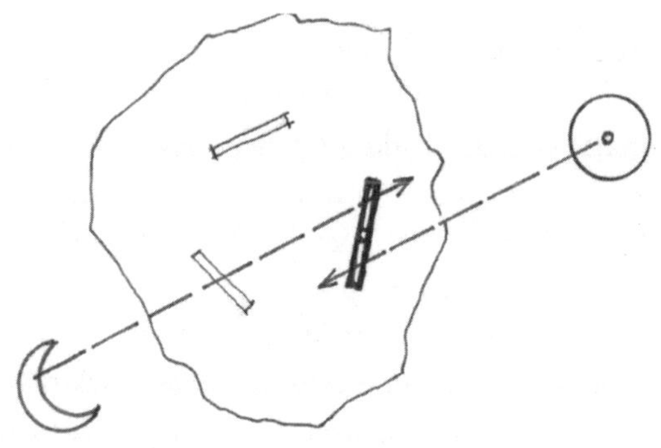

«Planetarische Kreuzigung» nach dem kosmischen Tausch der Plätze von Sonne und Mond

seinem mit der Sonne getauschten Platz aus – schießt von vorne links durch das Kreuzigungswundmal der rechten Hand Jesu.

Als ein kosmisch-irdisches Wahrbild, das sich durch den Gott Christus und den Menschen Jesus hindurchfließend der Herzensschau entfaltet, möge diese Imagination mit tief empfindenden geistigen Sinnen aufgenommen werden, so dass als eine Wahrheit erlebt werden kann das, was in die Worte gefasst ist: In jenem Augenblick des Weltenwendepunktes wird der Jesus von Nazareth gekreuzigt durch die alten planetarischen Wirkens-Orte des Christus – von Sonne und Mond –, damit der Christus als die neue Geistessonne sich durch den Tod des Jesus von Nazareth aus dessen sterblichen Leib herauslösen und sich verbinden kann mit Seinem neuen planetarischen Wirkens-Ort: der Erde.

Was früher von der Sonne ausging – alle geistige Lichtkraft, alle Lebenskraft –, das soll von nun an (zunächst keimhaft) von der Erde ausgehen. Seit dem Mysterium von Golgatha können – mit fortschreitender Entwicklung des auf der Erde lebenden Menschengeschlechts – die geistigen Sonnenkräfte in der Erde generiert werden. Aus diesem Grund verfinsterte sich die «alte» Sonne während des Planetentauschs im Augenblick der Erdengeburt Christi auf Golgatha. Es war *nicht* der Fall, dass der Mond die Sonne – astronomisch aufgefasst – verfinsterte, indem er sich vor sie stellte. Die Sonnenverfinsterung wurde dadurch veranlasst, dass sich die geistigen Lichtkräfte der Sonne real-urbildlich in die Erde hineinversenkten – für den zeitlosen Augenblick des Mysteriums von Golgatha *vollständig*, für das zukünftige Erdenwerden *keimhaft*.

Die Sonne «verschwindet» daher sozusagen in mitternächtlicher Richtung, also «hinter» der Erde (im Norden). Mit dem Eingehen der geistigen Christus-Sonne verlässt der «alte» Sonnenkörper seinen Platz und taucht gewissermaßen unter; und in dem Untertauchen, dem Eingehen in die Erde werden für einen Moment der Erde die geistigen Lichtkräfte der Sonne übergeben, weshalb der «alte» Sonnenkörper seine äußere Lichtkraft, die aus der geistigen Lichtkraft hervorgeht, einbüßt.

So kann über diese Sonnenfinsternis, von der die Evangelisten sprechen, gesagt werden: Die Sonne *wird* nicht

verfinstert, sie verfinstert sich *selbst*, dadurch dass sie ihre Kraft an das geistige Erdeninnere abgibt. Und tatsächlich, während seit dem Mysterium von Golgatha jene geistigen Lichtkräfte in lediglich keimhafter Quantität der Erde eingegeben sind, wurde für den Moment des Mysteriums von Golgatha die gesamte Kraft der Sonne in die Erde hineinversetzt.

Diese nur übersinnlich zu verstehende Selbstverfinsterung des Sonnenkörpers war das Erschreckende, weil «Unberechenbare» für die Menschen der Zeitenwende, und so brachten sie die «übersinnlich-sinnlichen» kosmischen und Naturerscheinungen zu Recht mit dem übersinnlichen Aspekt der im Sinnlichen stattfindenden Kreuzigung Jesu zusammen, indem sie nämlich in dem Jesus von Nazareth oder durch diesen hindurchwirkend sehr wohl eine göttliche Kraft vermuteten, was in den Rufen der Anwesenden, welche durch das Matthäus-Evangelium überliefert sind, zum Ausdruck kommt: *«Sein Blut komme über uns und unsere Kinder!»*[27] oder *«Wahrlich, dieser ist Gottes Sohn gewesen!»*[28].

Die Vorausspiegelung des «Planetentauschs» von Sonne und Mond im Buch Josua

Es ist dieser Tausch der Himmelskörper von Sonne und Mond – diese kosmische Konstellation, in der für die Dauer eines kurzen Pralayas Zeit und Raum überwunden werden – in einer Begebenheit, von der das Alte Testament berichtet, *vorausgespiegelt* worden. Das, was man in der Zeitenwende «die Schrift» nannte (auf Hebräisch «Tanach», der sich in Tora, die «Weisung», in Nevi'im, die «Propheten» und Ketuvim, die «Schriften» gliedert), war Verheißung, sprachlich-imaginative Prophetie auf das Kommen des Messias. Der Christus Jesus selbst sagte über Seine Mission: *«Ihr sollt nicht meinen, dass ich gekommen bin, um das Gesetz oder die Propheten aufzulösen; ich bin nicht gekommen, um aufzulösen, sondern zu erfüllen.»*[29]

Das Buch Josua, welches sich als erster Teil der «Nevi'im» unmittelbar an den Pentateuch anschließt, ist ein Teil dieser «Schrift». Josua, dem Sohn des Nun, fiel es zu, nach dem Tod Moses' das auserwählte Volk in das von Gott versprochene Land Israel zu führen. Er war der von Gott bestimmte Nachfolger des Moses. Und dass er der Sohn des *Nun* genannt wird, ist ebenfalls kein Zufall, denn obgleich er seinem Blute nach von einem Mann namens Nun abstammte, gibt dieser Name «Nun» einen Hinweis auf seine Legitimation als Nachfolger des Moses. Der Name Nun steht nämlich zugleich für den Buchstaben N mit dem Zahlenwert 50. Dieser Zahlenwert bedeutet die Erfüllung der 49, der 7 x 7, und das heißt, über den Durchgang aller sieben Stufen, die jede Entwicklung zu nehmen hat, bis sie zu ihrem Ende gelangt ist, hinauszukommen – in die Erfüllung. Josua soll das erfüllen, was Moses für das Volk Israel von Gott vorhergesagt wurde. Moses ist der *geistige* Vater des Josua. Er ist es auch, der Josua seinen Namen gegeben hat – eine andere Form von Jeshua oder Jesus –, denn zuvor hatte dieser Hoschea geheißen. Das Wort «Nun» bedeutet im Hebräischen auch «Fisch», hat aber in den frühen Zeiten des alt-hebräischen Volkes seine Wurzeln in dem Begriff «Schlange», von deren Gestalt sich auch das Schriftzeichen N ableitet. Dasjenige Sinnbild, welches nach außen hin die Ausstattung des Moses mit göttlichen Kräften verbürgte, war die Schlange, und so war Moses der geistige Vater Josuas, also der geistige «Nun». Die Bedeutung Josuas für die weitere Entwicklung nicht nur des alt-hebräischen Volkes, sondern auch die Menschheitsentwicklung kann man sich klar machen, wenn man bedenkt, wie wichtig die Einnahme des «gelobten Landes» war. Der Einzug nach Israel und die Verteidigung des Gebietes erlaubte schließlich zu einem späteren Zeitpunkt die Erfüllung des Mysteriums von Golgatha an dem dafür von den göttlichen Geistern vorgesehenen Erdenort, Jerusalem. Nach der Überquerung des Jordans mit der Bundeslade und dem Betreten des verheißenen Landes von Osten her – man muss jeden dieser Schritte durchaus auch als historisch-sinnlichen Ausdruck *okkulter* Tatsachen verstehen – oblag es Josua nicht nur, gegen die dort ansässigen Stämme zu kämpfen, sondern die eroberten Gebiete und die weiterhin dort ansässigen befriedeten Stämme auch gegen Angriffe von außen zu verteidigen. So kam es damals zu einem denkwürdigen Kampf gegen die Amoriter, welche die Stadt *Gibeon* – zwischen Hebron und Jerusalem gelegen – einzunehmen trachteten. Dieser Kampf der Israeliten gegen die fünf Amoriter-Könige – welche wir in der okkulten Betrachtung als die Feinde oder Verhinderer der fünf menschlichen Wesensglieder ansehen können – fand in einem Tal namens Ajalon südwestlich von Gibeon statt.

Bevor die Schlacht aber begann, wandte sich Josua gen Himmel und rief die planetarischen Wirkensstätten des Gottes Jahwe an mit den Worten: *«Sonne zu Gibeon, stehe still! Und Mond im Tale Ajalon, verharre!»*[30]

Nun muss man sich verdeutlichen, dass dieser wiederum nur übersinnlich zu deutende Ausruf eine kosmische Situation bezeichnet, die durchaus mit der geographischen Lage der Stadt Gibeon einerseits und der des Tales Ajalon andererseits in Zusammenhang steht: Die *Stadt Gibeon* liegt *nordöstlich* vom *Tale Ajalon*, was erst dadurch bedeutsam wird, dass Josua die *Sonne* über *Gibeon* anruft und den *Mond* über *Ajalon*. – Was hat dies zu bedeuten? Es wird uns hier eine kosmische

Konstellation geschildert, die es äußerlich gar nicht geben kann: Die Sonne steht im Norden beziehungsweise Nordosten an der Position des Mondes, der Mond nimmt die Position der Sonne ein.

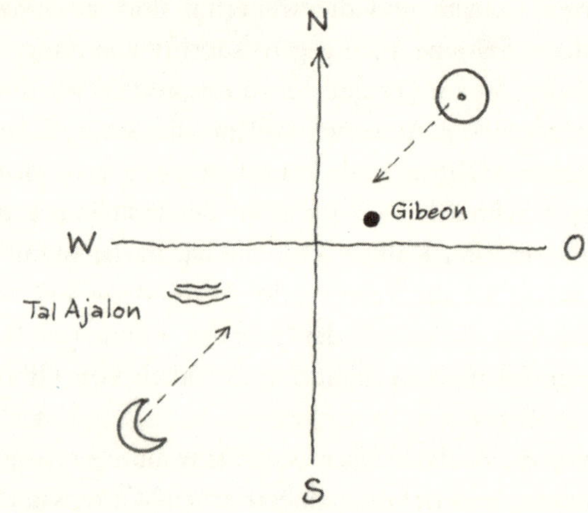

Es handelt sich um die ausschließlich für den Eingeweihten Josua und seine Priester wahrnehmbare Vorausspiegelung jener kosmischen Konstellation, die während des Karfreitags der Zeitenwende realiter eintrat. Sie beschreibt ebenfalls eine Art Pralaya, eine in sich zeitlose Dauer eines Zustands des göttlichen Willens, der es dem Volk Israel ermöglichte, die Amoriter zu schlagen und deren Könige, die fünf Feinde der fünf menschlichen Wesensglieder zu überwinden, zu töten. Auch auf Golgatha wird die ganze fünfgliedrige Menschengestalt gereinigt, geläutert, zu höherem Dasein erweckt durch einen Kampf – den Todeskampf des Christus Jesus am Kreuz.

Diese Schriftstelle im Buch Josua ist übrigens Galilei zum Verhängnis geworden, weil er sich gegenüber der Kirche, die das geozentrische Weltbild vertrat, für das kopernikanische oder heliozentrische Weltbild aussprach. Die katholische Kirche widerlegte Galilei mithilfe dieser Schriftstelle. Man kann eine solche Widerlegung allerdings nur gelten lassen und das geozentrische Weltbild zum Verständnis gewisser kosmischer Verhältnisse zugrunde legen, wenn man vorher auch die Berechtigung und Richtigkeit des heliozentrischen Weltbildes eingesehen hat. Denn die Konstellation von Gibeon, bei der sich Sonne wie Mond auf die Erde beziehen, stellt für die Daseinsverhältnisse der zweiten kosmischen Epoche eine absolute Ausnahme dar, die auch letztlich einzig durch ein wahrhaft geisteswissenschaftliches Verständnis des Mysteriums von Golgatha überhaupt zu verstehen ist. Auch der übersinnliche Blick lässt erkennen, dass sich das irdische Prinzip stets nach dem geistigen Prinzip der Sonne richtet. Nur im Augenblick der Keimlegung der Geistessonne in die Erde während des Karfreitags-Mysteriums ist im kosmischen Sinne die Erde als Mittelpunkt der Welt anzusehen, weil die Sonne in sie eingegangen ist. Und so heißt es auch im Buch Josua weiter: *«Und es war kein Tag diesem gleich, weder vorher noch danach hat der Herr auf eines Mannes Stimme gehört wie an diesem Tage.»*[31] Einzig am Tage der Erfüllung, auf die alle Bücher und Schriften der Propheten hinweisen, trat diese noch bei Josua rein geistig zu verstehende Situation auch tatsächlich übersinnlich und sinnlich zugleich durch die Inkarnation Christi und Sein Opfer am Kreuz von Golgatha ein. Doch streng genommen ist auch in dieser Situation die planetarische Sphäre auf die Sonne bezogen.

Diese Konstellation, welche mit dem Stillstand des Laufs der Gestirne und dem Tausch der Planeten ein Paradoxon darzustellen scheint, ist für den Schüler der anthroposophischen Geisteswissenschaft ein vielsagendes Zeichen: Derjenige, der seinen Eigenwillen zu überwinden vermag, indem er ihn in Übereinstimmung mit dem *«freien göttlichen Willen»* des Weltengeistes bringt, ist in der Lage, die naturhaften Grenzen von Raum und Zeit zu überwinden und eine auf den lebendigen Kosmos abgestimmte Konstellation herzustellen, die es für den bloß naturhaften, unbewussten Menschen nicht geben kann. Er versetzt sich in die Lage, eine *«Schöpfung aus dem Nichts»* zu vollziehen. Der Mensch nimmt einen Platz ein, den er vorher nicht einnehmen konnte, als ihn die Sonne noch von außen beschienen hat, als er sich passiv den göttlichen Welten- und Schicksalslenkern überließ. Nun aber drehen sich die Verhältnisse um: er kann selbst ein Schaffender, ein schöpferischer Geist werden. Wer den göttlichen Willen in seinen Eigenwillen übernehmen und ihn ausführen kann, und sei es nur für einen Augenblick, kehrt die natürliche Konstellation, unter der er sonst passiv und geleitet lebt, um. Er setzt sich über Raum und Zeit hinweg und wird – wie in ferner Zukunft während der dritten kosmischen Epoche die gesamte Schöpfung wiederum eine Einheit von Weltenleib und Weltengeist bilden wird – selbst zu einer Einheit von Leib und Geist. Aus seinem geistigen Inneren, aus seinem Mikrokosmos heraus strahlt die geistige Sonne, sein Ich. Die Sonne steht still, der Mond verharrt im zeitlosen Augenblick der bewussten Ergreifung des freien göttlichen Willens durch das Menschen-Ich, und es können die Verhinderer der Gottwerdung des Menschen überwunden werden.

Die menschliche Moralität in Bezug zu Sonne und Mond

So hat jene kosmische Konstellation, so hat der Tausch der Plätze von Sonne und Mond eine sozusagen *moralische Entsprechung* in der Überwindung des Eigenwillens zugunsten des freien Götterwillens. Dieses im höheren, geistigen Sinne *moralische* Element haben wir schon in dem Bild der beiden Schächer auf Golgatha wahrnehmen können. Das Kreuz des Schächers zur Linken des Herrn steht von der Sonne abgewandt. Dies entspricht seiner inneren Gesinnung. Er kann auch die

Geistessonne nicht sehen und verhöhnt seinen Gott, den er nicht erkennt. Das Kreuz desjenigen Schächers aber, der den göttlichen Erlöser in dem gekreuzigten Jesus von Nazareth erkennt und von Ihm demütig Beistand für seine Seele im Nachtodlichen erbittet, ist auch dem Sonnenkörper zugewandt.

In diesem Sinne hat auch der *Mond*, welcher als Himmelskörper im Geburtsmoment Christi auf Golgatha den Platz der «alten» Sonne einnimmt, eine besondere Bedeutung. Er ist im Hinblick auf seinen Tausch mit der Position der Sonne ebenfalls kosmischer Ausdruck des geistigen Willensimpulses, der auf die moralische Erhebung des Menschen gerichtet ist.

Der Mond als Himmelskörper, als Weltenleib, aber auch als Aufenthaltsort geistiger Wesenheiten, verdankt sein Licht immer der Sonne. Er nimmt das, was er an Lichtkräften nach außen geben kann, von der Sonne her. Im Moment des Karfreitagsmysteriums jedoch, da der Mond auf die Position der Sonne rückt, also nach Süd-Westen hinwandert, und die Sonne, welche ihn bislang mit ihren Lichtkräften beschenkt hat, in die Erde eingeht beziehungsweise in mitternächtiger Himmelsrichtung hinter der Erde verschwindet und ihm diese Lichtkräfte nicht mehr auf die gewohnte Weise geben kann, da bezieht nun der Mond zur Geburtsminute Christi auf Golgatha all seine Lichtkräfte von der *Erde*, denn diese ist nun zum Träger, zum Aufenthaltsort der

Sonne geworden. Die Erde selbst ist es, die nun den Mond beleuchtet. Und so wird er zur Karfreitagsstunde auf Golgatha voll und blass schimmernd, aber ungewöhnlich kräftig sichtbar. Auch dieses Szenario war für die Menschen ein unerklärliches und daher erschreckendes Naturschauspiel.

Will man sich eine ungefähre Vorstellung von diesem Ereignis machen, so denke man an eine Neumondnacht bei klarem Himmel, wo der Mond schwach sichtbar wird durch das Licht, welches die Erde auf ihn wirft. Allerdings hat man sich die Helligkeit des Mondes während des Karfreitagsmysteriums um ein Vielfaches gesteigert vorzustellen, was damit zusammenhängt, dass in einer gewöhnlichen Neumondnacht das Sonnenlicht einen Umweg über die Erde nimmt, das heißt der Mond wird lediglich beschienen durch das von der Erde reflektierte Sonnenlicht, während der Mond am Karfreitag der Zeitenwende direkt von der Erde aus erleuchtet wurde, nämlich durch die von Christus in die Erde hineingetragenen Sonnenkräfte. – Hierin liegt die «äußerliche» Erklärung für das Rätsel, warum die Sonnenfinsternis am Karfreitag der Zeitenwende bei Vollmond stattfinden konnte. Während nach dem gewöhnlichen Rhythmus der Mond zum Pessachfest beinahe voll war, muss man das kosmische Geschehen während der Kreuzigung aus diesem monatlichen Rhythmus wie herausgenommen und dementsprechend verändert vorstellen, was begreiflich wird, wenn man an den Positionswechsel der Sonne ins geistige Innere der Erde denkt. Tatsächlich könnte man – was die mehr äußeren Verhältnisse betrifft – sagen, dass während der Kreuzigung eine Voll- *und* Neumond-Konstellation zugleich herrschte: und zwar insofern, als die Sonne in mitternächtiger Himmelsrichtung zunächst «hinter» den «gewöhnlichen» (Voll-)Mond rückte und schließlich «hinter» der Erde verschwand, also unterhalb des Horizonts sank; dann aber der Mond durch seinen Positionstausch mit der Sonne mit dieser in eine Art Opposition ging, so dass man gar von einer Mondfinsternis sprechen müsste, wenn nicht in diesem Fall der Mond gerade *nicht* von der Erde *verschattet*, sondern in seiner vollen Gestalt *erleuchtet* worden wäre, so wie es für gewöhnlich entweder nur bei direkter Sonnenbestrahlung (bei Vollmond) oder eben durch den Erdschein (bei Neumond) gegeben ist. Hier aber war der Erdschein zugleich Sonnenschein, nämlich durch die Erdengeburt Christi, den Sonnen-Eintritt in die Erde.

Wenn wir nun aber die *geistig-moralische* Seite des Mondenwirkens betrachten, so ist noch einmal von den Lichtverhältnissen auszugehen, allerdings in erster Linie von der *übersinnlichen* Qualität des Lichtes. Wenn man nämlich diese für gewöhnlich gegebenen Lichtverhältnisse aus geistiger Perspektive betrachtet, stellt man fest, dass die Aussage, die Sonne gebe dem Mond ihr Licht, die Ursachen der sinnlich-kosmischen

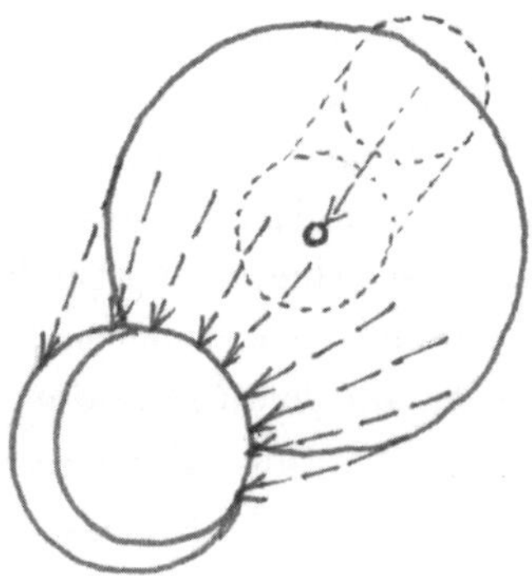

Die Erde mit ihrem Sonnen-Inneren bestrahlt den Mond

Erscheinungen, also die geistigen Verhältnisse, nicht vollständig oder nicht ganz präzise wiedergibt. Denn tatsächlich ist es nicht nur so, dass die Sonne ihr Licht auf den Mond wirft – diesen also ausschließlich «freiwillig» bescheint –, sondern dass sich der Mond selbst vom Licht der Sonne stetig *nimmt*, dass er gewissermaßen an ihr *saugt*.

Der Mond entzieht der Sonne geistige Lichtkräfte, weil der Mensch auf ihm, genauer gesagt in der Mondensphäre sein Kamaloka durchmacht. Nach seinem Erdentod, wenn die menschliche Seele sich anschickt, nach und nach die Planetensphären zu durchschreiten, tritt der Verstorbene zunächst in die Mondensphäre ein, und in dieser durchlebt er das gerade hinter ihm liegende letzte Erdenleben noch einmal, jedoch rückwärts und aus einer erweiterten, objektiveren Perspektive zum

Zweck seiner seelischen Läuterung, womit die ersten Grundlagen der karmischen Bedingungen seiner neuen Inkarnation gelegt werden. Er bringt also zunächst einiges an astralischem Ballast mit in die geistige Welt, den er durch seine verschiedenen seelischen Begierden und Vergehen während des Erdenlebens angehäuft hat. Dieser Ballast wird auf dem Mond durch- und abgearbeitet. Und insofern hat der Mond – so könnte man es formulieren – eine gewisse negative Astralität, eine belastete moralische Aura.

Beginnt der Mensch aber während seines Erdenlebens eine kontinuierliche, ernste Pflege seines seelischen Lebens, wie es beispielsweise durch die in dem Buch Rudolf Steiners *«Wie erlangt man Erkenntnisse der höheren Welten?»* angegebenen Achtsamkeitsübungen möglich wird, so trägt er nach seinem Tod auch weniger astralischen Ballast in die Mondensphäre hinein. Würde der größte Teil der Menschheit eines Tages durch eine solche günstige Seelenentwicklung zu einem hohen moralischen Verantwortungsbewusstsein und Handeln gelangen, so würde auch der Mond in einem erheblichen Maße von moralisch negativem Astralgewölk entlastet werden. Eine solche Entwicklung würde bedeuten, dass der Mensch selber während seines Erdenlebens immer mehr Sonnenkräfte in sich erzeugen lernt, welche dann den Mond von der Erde aus erhellen würden. Je mehr sich das Menschen-Innere dem Göttlich-Inneren des Menschheitsrepräsentanten angliche, desto ähnlicher würde die übersinnlich-kosmische Konstellation derjenigen zur Zeit des Karfreitagsmysteriums. Je mehr durch den moralischen Fortschritt der Menschheit sonnenhafte Kräfte von beziehungsweise auf der Erde erzeugt würden und von ihr ausgingen, umso weniger Kräfte würde der Mond dem «alten» Sonnenkörper entziehen, und zugleich würden diejenigen zurückgebliebenen Geistwesen, welche die Mondensphäre bewohnen, nämlich die luziferischen Geister, durch die Reinigung der menschlichen Astralleiber befreit, erlöst werden.

Das Verstehen kosmischer Tatsachen mit den geistigen Voraussetzungen der «dritten kosmischen Epoche»

So können wir erkennen, dass jene kosmische Konstellation zur *Geburt* des Logos in die Erde während des Karfreitagsmysteriums *«im hohen Maße übereinstimmt»*[32] mit der Konstellation des Urbeginns unseres Kosmos, welcher für den Logos den *Tod* bedeutete, weil Er gewissermaßen in seine eigene Erschaffung des sich in Zeit und Raum bis ins Materielle hinein Entwickelnden hineinstarb, indem der unberührte Zustand der göttlichen Einheit hingeopfert wurde zur Erweckung neuen und einst selbständigen Lebens.

Doch so wie die inneren Impulse von Tod und Geburt geradezu divergent sind, so unterscheiden sich auch die geistigen Wesenszüge der beiden kosmischen Konstellationen voneinander. Denn der Schöpfungsmoment im Urbeginn als eine Art Degeneration oder Todeserfahrung der ursprünglichen göttlichen Einheit führte dazu, den Menschen durch seine Erschaffung aus dieser göttlichen Ur-Einheit *herauszusetzen*; hingegen führte das Mysterium von Golgatha als die Erdengeburt des göttlichen Geistes dazu, dass der dadurch selbständig, Ich-haft gewordene Mensch wieder in die göttliche Einheit *hineinstrebt*. So ist die kosmische Konstellation im Geburtsmoment Christi auf Golgatha ein Wahrbild für den Weltenwendepunkt.

Durch diesen eingetretenen Weltenwendepunkt, dessen kosmisches Abbild wir nun in seinen Grundzügen erkennen können, vollzieht sich durch den Menschen auch ein Ausgleich zwischen Sonnen- und Mondenkräften. Beim inneren Ansichtigwerden dieses Mysteriums tritt uns die Imagination des Michael mit der Waage vor die Seele. Denn man würde die kosmische Konstellation des Mysteriums von Golgatha niemals verstehen ohne die in ihr waltenden moralischen Impulse. Der Mensch kann durch das Opfer des Christus auf Golgatha – denn diese Erdengeburt Christi war ein *Opfer*, das Opfer eines Gottes, *«der dessen nicht bedurfte»*, nämlich *«in einem menschlichen Leibe auf Erden zu wirken»*, *«damit die Erde und die Menschheit an ihr Ziel kommen können»*[33] – zu einem Ausgleich auch derjenigen gefallenen Sonnen- und Mondengeister kommen, die ihn zuvor seelisch zwischen sich hin- und hergerissen haben. Er kann zum Befreier nicht nur der luziferischen Geister werden, welche ihre Menschheitsstufe auf der Mond-Inkarnation unserer Erde nicht absolviert haben, sondern er kann auch den ahrimanischen Geistern, welche ihr Ziel auf der Sonneninkarnation der Erde nicht erreicht haben, dazu verhelfen, zu ihrer vollen Menschheitsstufe aufzusteigen. Diese Erlösung der luziferischen und ahrimanischen Geister durch die Christus-Kraft im Menschen-Innern, dieser Ausgleich von seelischen Monden- und Sonnenkräften, würde die gegen Ende unserer gegenwärtigen, vierten planetarischen Erdeninkarnation eintretende Verbindung von Erde, Mond und Sonne kosmisch zum Ausdruck bringen.

Wo auch immer sich der Mensch durch seine Bewusstseinsseelenkräfte über die Bedingungen der zweiten kosmischen Epoche wie Raum und Zeit hinaushebt, indem er seinen Eigenwillen mit dem göttlichen Willen in Übereinstimmung bringt, da reißt ein Fenster auf zu jener künftigen kosmischen Epoche, in der wiederum *eins* sein werden Weltenleib und Weltengeist. Und wir können sagen, dass der Mensch immer dann, wenn er durch die Verrichtung und Pflege anthroposophischer Geistesarbeit die unmittelbare Verbindung zwischen exoterischen und esoterischen Tatsachen, zwischen seiner Menschenwesenheit und der Götterwelt erkennt, im Geiste der dritten kosmischen Epoche zu denken beginnt.

Es soll daher als ein Beispiel für dieses kosmische Denken, dieses «andere» Begreifen kosmischer Konstellationen, welches sich auch einer ganz anderen Sprache bedient, eine Tatsache erwähnt werden, die allerdings in diesem Rahmen lediglich gestreift werden kann. Es handelt sich darum, dass der gesamte Bau des ersten Goetheanum auf die Erweckung der Bewusstseinsseelenkräfte, auf die Entwicklung der Sonnenkräfte im Menschen-Innern, welche durch die während des Mysteriums von Golgatha herrschende kosmische Konstellation initiiert wurde, ausgerichtet war. Einen Hinweis darauf gibt die Urkunde, welche in den dodekaederischen Grundstein des ersten Goetheanum gelegt wurde und somit den Baubeginn, den Beginn der Entstehung dieses einzigartigen Gebäudes markierte.

Was im Folgenden dazu gesagt wird, erhebt nicht den Anspruch auf eine vollständige Erklärung dessen, was Rudolf Steiner auf diese Urkunde schrieb. Es soll lediglich von einer *bestimmten Perspektive* – nämlich derjenigen, die der vorliegenden Betrachtung bisher zugrunde gelegen hat – ein Beitrag zum Verständnis einer für das allgemeine Verstehen unserer zweiten kosmischen Epoche der Berechenbarkeit unbegreiflichen Aussage darstellen. Diese Aussage auf der Grundstein-Urkunde lautet: «*Gelegt vom Johannesbau-Verein für die Anthroposophische Arbeit am 20. t. Tage des Septembermonats 1880 n. d. M. v. G.* [– man beachte, dass hiermit die Geburt Christi auf Golgatha gemeint ist –]

d.i. 1913 n. Chr. Geb., *da ☿ als Abendstern in der Waage stand.»*[34] (Ausgeschrieben: Gelegt vom Johannesbau-Verein für die Anthroposophische Arbeit am 20. Tage des Septembermonats 1880 nach dem Mysterium von Golgatha, das ist 1913 nach Christi Geburt, da Merkur als Abendstern in der Waage stand.)

Diese Angabe Rudolf Steiners hat schon vielen Menschen Kopfzerbrechen bereitet. Denn an jenem Tag, dem 20. September 1913, stand der Merkur zwar im Zeichen der Waage – wie in vielen Jahren –, aber warum diese an so prominenter Stelle platzierte Betonung der Konstellation mit Bezug auf Merkur und Waage? Ein herkömmliches Lesen und Interpretieren dieser Grundstein-Worte ist hier nie gemeint und gewollt gewesen! Das kann sogar schon an der Schreibweise ersichtlich werden, denn es wurde zwar das astrologische Symbol für Merkur gesetzt (☿), nicht aber für die Waage – «Waage» wurde als Wort *ausgeschrieben!* Rudolf Steiner sprach hier gerade *nicht* in der Sprache der *mittleren*, sondern in der Sprache der zukünftigen, dritten kosmischen Epoche. Er schaute dabei auf die göttlich-geistigen Impulse, die dem Bau des ersten Goetheanum zugrunde lagen und folglich mit jenem Blick, der das Wahrwerden der geistigen Wirklichkeit im Erdenmenschen, also gewissermaßen Weltengeist und Weltenleib zusammenschaut. Danach muss diese Sprache folgendermaßen verstanden werden: Merkur erreichte im Augenblick der sinnlich-übersinnlichen Grundsteinlegung des Goetheanum-Baus im

Tierkreis dieselbe Position wie die Sonne, wenn sie die herbstliche Tagundnachtgleiche erreicht, wenn sie nämlich einen Zustand des Ausgleichs zum Ausdruck bringt, in dem Licht und Finsternis von gleicher Dauer sind. Das war auch «1880» Jahre vorher, nämlich zum Zeitpunkt des Mysteriums von Golgatha der Fall – zum einen durch die gerade zuvor eingetretene Frühlings-Tagundnachtgleiche; zum anderen durch den Ausgleich von Sonnen- und Mondenkräften, durch den Tausch der Positionen der geistigen Himmelskörper von Sonne und Mond am Firmament. Rudolf Steiner hatte nun aber – im Zeitalter des Erwachens der Bewusstseinsseele, im neuen Michael-Zeitalter – nicht den Frühlingszeitpunkt, sondern den Herbstzeitpunkt zu wählen, für den gerade die Kräfte des Merkur eine entscheidende Rolle spielen. Der gegenwärtige Merkurdurchgang unserer Erde gibt im Gegensatz zum bereits hinter uns liegenden Marsdurchgang dem Erdenmenschen den Schwung nach aufwärts, in die Vergeistigung hinein. Er leitet sozusagen den Übergang zum Jupiter-Stadium, also zur fünften planetarischen Inkarnation unserer Erde ein. Wenn im Geiste des Merkur die widerstreitenden Mächte zum Ausgleich kommen, so ist damit der idealen Voraussetzung für den geistig bewusst werdenden Menschen Ausdruck verliehen, welche das Goetheanum als sinnlich-sichtbare Imagination des Wirkens des Weltengeistes enthalten sollte. Es ist hier die *seelisch-geistige* Waage des Michael gemeint, jene «Waage», in der die Seelenkräfte des Menschen unter der Leitung Merkurs in der zweiten Hälfte der Erdeninkarnation sind. Dieser Urkunden-Vermerk ist ein okkulter Verweis auf das kosmische Entwicklungsziel des Menschen, welches durch den Geist des Goetheanum-Baus aufgezeigt und befördert werden sollte ab jenem Tage im September 1880 nach der Christus-Geburt auf Golgatha – desjenigen Ereignisses, welches das Fundament der Impulse des Goetheanum-Geistes legte.

So hatte Elisabeth Vreede ganz recht mit ihrer in einem Rundbrief vom September 1928 gemachten Aussage bezüglich jener Angabe Rudolf Steiners auf der Grundstein-Urkunde: *«Wir müssen uns zu anderen Vorstellungen aufschwingen, um die Bedeutung der Konstellation einzusehen, und dabei werden wir uns von einer landläufigen Astrologie immer mehr entfernen, um zu geisteswissenschaftlichen Imaginationen aufzusteigen.»*[35]

Das Erzeugen der Sonnenkräfte durch den freien Menschengeist

Blicken wir nun noch einmal auf die Konstellation zur Todesstunde beziehungsweise Geburtsstunde auf Golgatha! Welche Bedeutung hat im Hinblick auf die *Sonne* diese kosmische Konstellation für unsere weitere seelisch-geistige Entwicklung?

Von der Sonne kann gesagt werden, dass sie seit dem

Mysterium von Golgatha auch im Norden, in mitternächtiger Himmelsrichtung steht – da, wo sie nach den Berechnungen unserer zweiten kosmischen Epoche der Trennung von Weltengeist und Weltenleib gar nicht stehen kann. Sie leuchtet dem Menschen nicht mehr nur wie *vor* dem Mysterium von Golgatha von ihrer alten kosmischen Warte aus, als der Mensch von den außerhalb der Erde waltenden göttlichen Kräften ernährt und getragen wurde, als er durch die Sonne von außen seine Entwicklungskräfte empfing; sondern der Sonne geistiger Keim kann nun im Innern der Erde, ja im Seeleninnern des Erdenmenschen gefunden werden, insofern sich dieser mit dem Impuls der Christus-Sonne verbindet. Und dieser geistige Sonnenkeim kann durch die dem Menschen verliehenen geistigen Bewusstseinskräfte gepflegt und zum Wachsen gebracht werden.

So erstrahlt seit dem Christus-Ereignis die Sonne dem geistig bewussten und tätigen Menschen – wie es zu Gibeon prophezeit wurde – in innerer ewiger Dauer zu «Mitternacht».

Wir erhalten durch die Beobachtung der in den Jahreszeitenrhythmen wirkenden Geisteskräfte eine empfindende Vorstellung von diesem Sonnen-Mysterium. Mit dem rechten seelisch-geistigen Empfinden des Tiefwinters kann erlebt werden, wie die Erde unter ihrer gefrorenen Schale in sich selbst die Sonnenkräfte konzentriert und im Zusammenwirken mit dem geistig tätig werdenden Menschenbewusstsein auch hervorbringen kann. In dem mantrischen Spruch *«Wintersonnenwende»* von Rudolf Steiner klingt dies an in den Worten: *«Die Sonne schaue / Um mitternächtige Stunde»* [...] *«Im Dunkel lebend / Erschaffe eine Sonne»*.[36] Der Mensch, der in seinem Bewusstsein zu seiner wahren Verbindung mit dem realen geistigen Leben im Kosmos erwacht, hat nicht wie ein ganz den natürlichen Bedingungen ausgesetztes Erdenwesen mit dem äußeren Absterbe-Prozess des Herbstes und des Winters mitzugehen. Er kann in der Zeit, in der das Tier seinen Winterschlaf macht, geistig rege werden und sich bewusst mit den kosmischen Kräften, die für die Sinnesaugen unsichtbar unter der winterlich erstarrten Hülle der äußeren Natur leben, verbinden. Der frei gewordene, selbst-bewusste Menschengeist kann nun die Kraft aufbringen, allmählich die Sonne in seinem eigenen Inneren zu erzeugen und sie im Dunkel der Mitternacht aus seinen eigenen Seelentiefen heraus erstrahlen lassen. Er tut dies mit denselben Kräften, welche auch die «alte» Sonne, der im Kosmos befindliche Sonnenweltenleib, ihm bislang immer zur Verfügung gestellt hat; nur tut er es zunächst noch auf einer anfänglichen, niederen Stufe. Es sind dies die Kräfte des «Ich», die uns in den Zeiten *vor* dem Mysterium von Golgatha durch das Welten-Ich, den Christus-Logos, von der Sonne aus hinabgesandt wurden. Durch sie kann der Mensch nun ein gebender, ein schaffender Geist werden.

Was während des Karfreitagsmysteriums als kosmische Konstellation wie eine Imagination des in Zukunft selbständigen Erzeugens der Sonnenkräfte durch das Ich des Menschen am Himmel stand, kommt innerhalb der höheren Grade des rosenkreuzerischen Rituallebens zum Ausdruck, welches für die Einrichtung des entsprechenden Kultraums nicht nur einen Ost-, einen Süd- und einen West-Altar vorsieht, sondern auch einen *Nord*-Altar. Die kultische Arbeit an diesem Nord-Altar kann nur von einem fortgeschrittenen Adepten oder einem geistigen Lehrer verrichtet werden, welcher in der Lage ist, im nördlichen Dunkel der *«mitternächtigen Stunde»* eine geistige Sonne zu erschaffen und deren Kräfte seinen Brüdern und Schwestern zu spenden.

Das selbständige Erzeugen der Sonnenkräfte durch die Christ-Geburt auf Golgatha stellt den Menschen in einer ganz neuen Art auf die Erde, nämlich nun auch in *geistiger* Art so, wie er sich bereits mit seiner Leiblichkeit auf die Erde, wie sie in ihrer gegenwärtigen vierten planetarischen Verkörperung konstituiert ist, gestellt sieht. Als der Mensch noch ein Sonnenwesen war, also auf der zweiten planetarischen Verkörperung der Erde lebte, führte er im Grunde ein Leben, das – in Bezug auf die Eingliederung der Wesensglieder – mit dem der heutigen Pflanzen vergleichbar ist.[37] Sein Bewusstsein, soweit man von einem Bewusstsein sprechen will, war in dieser Art entwickelt; Innen und Außen waren für ihn nicht wie heute voneinander getrennt, und mit seiner Gestalt stand er – um bildhaft zu sprechen – eigentlich

Kopf. Denn auch seine Fortpflanzungsorgane waren so organisiert wie bei den heutigen Pflanzen: der Mensch streckte sich wie ein Blütenkelch in den Kosmos hinein. Er wuchs «kopfüber» aus seinem damaligen Erdenplaneten, den wir «Sonne» nennen, heraus in den kosmischen Umraum, aus dem er sich von den höheren hierarchischen Geistern befruchten ließ.

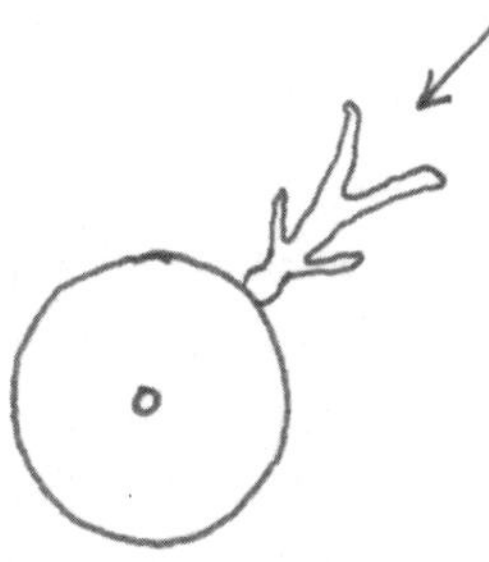

Sonnen-Dasein
(Die Menschengestalt ist hier als Symbol aufzufassen. Sowohl in der Sonnen- als auch in der Monden-Zeit war die «physische» Gestalt des Menschen mit der heutigen auf Erden nicht vergleichbar.)

Auf der dritten planetarischen Erdenverkörperung, dem «Mond», führte er im oben gemeinten Sinne ein Leben auf der Stufe der heutigen Tiere. Das Astralische trat in seine Wesensglieder-Organisation ein. Und damit änderten sich auch seine Gestalt und das Verhältnis seiner Gestalt zu dem Planeten, auf dem er lebte: er kippte sozusagen um in eine eher horizontale Position, ähnlich der Wirbelsäulen-Ausrichtung der heutigen Tiere.

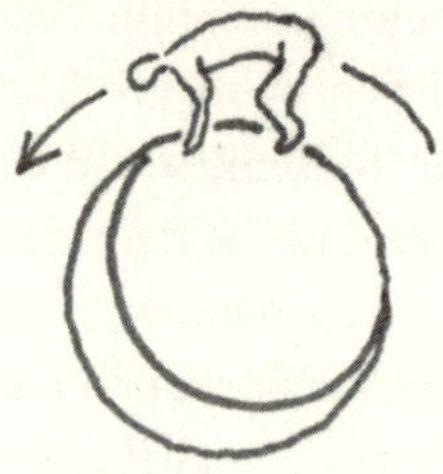

Monden-Dasein

Erst auf der Erde richtete er sich so auf, dass seine Füße auf dem planetarischen Rund zu stehen kamen und sein Haupt in den Himmel ragen konnte: er ging über in die Aufrechte, in die Senkrechte. Dies ist die Entsprechung seiner äußeren Gestalt mit jenem Bewusstseins-Zustand, der nur durch die Eingliederung des vierten

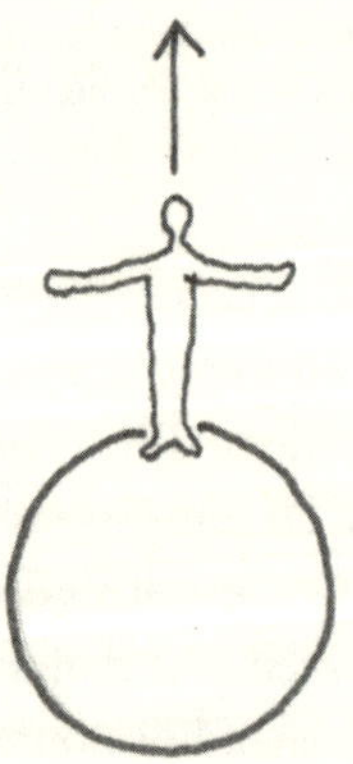

Erden-Dasein

Wesensgliedes, des Ich, erreicht werden kann – seine Gestalt und die Ausrichtung seiner Gestalt auf dem Erdenrund ist das äußere Zeichen für seine Fähigkeit, mit Bewusstsein zu seiner geistigen Heimat wieder aufwärts zu streben.

So ist das Zeichen für die Erde der wie der Christus Jesus am Kreuz aufgerichtete, senkrecht über beziehungsweise auf der Erde stehende Mensch.

Symbol der Erde

Der Mensch stellt sich eigentlich aus dem Grunde mit seinem dem Kosmos nachgebildeten Haupte, mit welchem er gewissermaßen in den Kosmos hineinragt, aufrecht, um das Mysterium von Golgatha selbständig denken zu können. Und wenn der Mensch durch diese Selbständigkeit beginnt, die Sonnenkräfte in sich selbst zu erzeugen, sie also aus dem Erden-Sonnen-Keim des Christus zu holen und nicht mehr von dem außerhalb der Erde befindlichen alten Sonnenkörper allein, entspricht er in vollem Umfange seiner gegenwärtigen irdischen Gestalt.

Vor diesem Hintergrund soll eine Imagination von dem am Kreuz auf Golgatha erhöhten Christus-Geist den Abschluss dieser Betrachtung einleiten.

Der Christus-Sonnen-Geist wird in dem Leib des Jesus von Nazareth an den Kreuzstamm geschlagen. Diese Imagination offenbart – wie erwähnt – eine kosmische Situation: die Christus-Sonne ist in dem Leib des Jesus von Nazareth erhöht, sie schwebt *über* der Erde, solange sie den Leib Jesu noch bewohnt. Im Augenblick des Todes Jesu verlässt sie diesen Leib, sie steigt vom Kreuz hinab und zieht in die Erde ein. Dieser Kreuzstamm jedoch, an dem die Geistessonne hinabzieht, ist aus einem besonderen Holz gefertigt. In der sogenannten Kreuzholzlegende wird geschildert, dass das Holz des Kreuzes aus einem Baum gefertigt wurde, welcher aus einem Zweiglein erwuchs, den der Engel vor den Pforten des Paradieses als ein Unterpfand der Rückkehr ins Paradies dem Erdenmenschen überreichte, als dieser Adam-Mensch seine göttlich-geistige Heimat verlassen musste.[38] Es war ein Zweig vom *Baume des Lebens*. – So hängt die Christus-Sonne auf Golgatha am Baume des Lebens. An ihm findet der Jesus von Nazareth den irdischen Tod. Dieser Baum des Lebens, der auf Golgatha aufgerichtet ist, ist in der Welt der toten Materie, in jener Welt, in der eigentlich nur der Baum der Erkenntnis wächst, ein «Baum des Todes». Doch dies ist nicht im Sinne von Verfall oder

Sterblichkeit zu verstehen, sondern im Sinne von einer Endlichkeit, die sich auf die bloßen Sinneserscheinungen und -wahrnehmungen innerhalb der Welt der toten Materie, der toten Gedanken bezieht. Was der Baum des Lebens innerhalb der Sinneswelt ist, vielmehr wohin er den Menschen führt, ist in dem folgenden Wort aus den «Hymnen an die Nacht» von Novalis ausgedrückt: *«Im Tode ward das ewge Leben kund, / Du bist der Tod und machst uns erst gesund.»*[39]

Im «ewgen Leben», in jenem Reich, das nicht von dieser Welt ist und in dem der Baum des Lebens wurzelt, ist wiederum der Baum der Erkenntnis sterblich machend. Der Adam Kadmon starb aus dem Paradies heraus, als er die Frucht vom Baum der Erkenntnis zu sich nahm.

Dadurch dass Jesus von Nazareth an das Kreuzholz auf Golgatha geschlagen wurde und an ihm den Tod fand, konnte der Christus-Geist – an diesem Baum des Lebens – erst geboren werden. So ist das Mysterium ein großes reales Sinnbild der Entwicklung des geistigen Menschen. Die «alte» Menschheit machte mit dem Jesus von Nazareth auf Golgatha selbst ihren Erdentod durch. Sie erlebte in dem Tod Jesu, der das Tor zur Geburt des Christus-Geistes im Menschen wurde, das Ende ihrer bloß sinnlichen, toten Gedankenwelt – ja, gar den Anfang des Endes ihrer materiellen Erdenwelt. Allein in dieser Weise ist der *Baum des Lebens* ein «Baum des Todes», nämlich innerhalb der Welt der (toten) Materie.

Dieser Tod, den die Menschheit mit dem Jesus von Nazareth durchmacht, führt zum ewigen Leben hin, denn er führt sie aus der Finsternis ihrer Blindheit hinaus in die lichte Erkenntnis des Geistes. Indem dies geschieht, dreht sich der Mensch um, er dreht sich auf seine Füße und wendet sein Haupt der Ewigkeit und Unendlichkeit des geistigen Kosmos entgegen. Der Mensch steht nun dem Ereignis von Golgatha und somit seiner kosmischen Konstellation entsprechend richtig herum. Denn da die Sonne nun in die Erde eingegangen ist, wächst auch der Baum des Lebens aus der Erde heraus.

Diese Wahrheit, welche mit dem Kommen des Erlösers eintreten sollte, haben die Weisen des alt-hebräischen Volkes vorausschauend erkannt und in künstlerisch gestalteter Form in dem kultischen Gerät des siebenarmigen Leuchters, der Menora, zum Ausdruck gebracht. Sie nahmen in ihrem Hin-Sehnen nach dem Christus-Ereignis die Gestalt des nun nach aufwärts wachsenden Baumes des Lebens in dem Symbolum des Menora-Leuchters *vorweg*. Die Menora war ihnen symbolische Verheißung auf die Erlösung des gefallenen Menschen durch den Messias. Denn sie wussten, dass, solange der Heiland noch nicht erschienen war, solange die Geistessonne sich noch nicht mit der Erde verbunden hatte, die Lebenskräfte aus den Weiten des Kosmos an die Menschheit herandrangen. Und dieser Zustand hätte ausgedrückt werden müssen in einem umgekehrten Menora-Leuchter als dem Baum des Lebens, welcher nach wie vor außerhalb der Erde, nämlich in der geistigen Welt – noch im «Paradies» – wurzelt. Seit dem Mysterium von Golgatha aber können die Wurzeln des Baumes des Lebens in den geistigen Tiefen des Mikrokosmos unserer Erde gefunden werden. Der Baum des Lebens wächst heute aus der Erde heraus und wir mit ihm.[40]

Sonnen-Finsternis auf Golgatha wird Sonnen-Aufgang im Menscheninnern – Die Planetensphären und das menschliche Karma

Christus ist für uns durch den menschlichen Tod, durch den Tod des Jesus von Nazareth gegangen. Und da Er dies für *alle* Menschen getan hat, hat auch die kosmische Konstellation im Augenblick seiner Erdenberührung auf Golgatha für jeden von uns eine tiefe Bedeutung. So hat die Konstellation unserer Erdengeburt nicht allein eine Beziehung zu jener Konstellation, die zum Zeitpunkt unseres vorangegangenen Erdentodes herrschte, sondern auch zu der überzeitlich-gültigen Konstellation des Mysteriums von Golgatha. Es sind unserem jeweiligen neuen Erdenwerden schon im Augenblick der *Zeugung* unserer neuen irdischen Leiblichkeit jene besonderen kosmischen Kräfte eingeprägt, die sich sowohl im Welten-Urbeginn als auch im Welten-Wendepunkt offenbarten. Man denke an Rudolf Steiners okkulte Erforschung des Zustands des Eiweißes (Grundlage der materiellen Leiblichkeit) im Augenblick der Fortpflanzung: «*Das Eiweiß, das der Körper in sich sonst enthält, das ist noch einigermaßen geordnet, aber ein Eiweiß, das der Fortpflanzung zugrunde liegt, das ist gerade dadurch ausgezeichnet, dass es innerlich völlig chaotisch durcheinandergerüttelt ist, dass die Materie vollständig zurückgeführt wird ins Chaos, gar keine Struktur mehr hat, sondern eben ein Haufen von Substanz ist, die dadurch, dass sie ganz in sich zerschlissen, zerfetzt, zerstört ist, nicht mehr der Erde unterworfen ist. Solange das Eiweiß noch irgendwie innerlich zusammenhält, so lange ist es den zentralen Kräften der Erde unterworfen. In dem Augenblick, wo das Eiweiß innerlich zerklüftet wird, kommt es unter den Einfluss der ganzen Weltensphäre. Die Kräfte wirken von überallher herein, und es entsteht das kleine Eiweißklümpchen, das der Fortpflanzung zugrunde liegt, als ein Abbild des ganzen* [...] *Weltenalls* [...]», *des* «*ganzen Kosmos*»[41].

Es ist eigentlich im Augenblick dieser Zerklüftung des Grundstoffes der irdischen Stoffesleiblichkeit innerhalb des menschlichen Mikrokosmos eine Situation vorhanden, wie sie im Makrokosmos im Augenblick des Urbeginnes vorhanden war. Erst durch dieses Auseinanderreißen beginnt die Schöpfung, wird das sich entwickelnde Leben erschaffen. Es ist jener Moment der Schöpfung aus dem Nichts, welcher «*Ausdruck*» wird «*der freien Intelligenz und des freien Willens von gött-*

lich-geistigen Wesen» – und bei dem Menschen ist dies das höhere Ich, die göttlich-geistige Individualität. Im Augenblick dieses individuellen Urbeginns kann das Ich als Gestalter der irdischen Prozesse eintreten. So ist die Grundlage unseres physischen Erdendaseins bis in die Entstehung unserer physischen Leiblichkeit hinein eine rein geistige Kräftewirkung des Weltengeistes, von dem unsere höhere Individualität ein Teil ist.

Dadurch, dass zur Stunde des Karfreitagsmysteriums die vorherige kosmische Ordnung gewissermaßen ins Chaos stürzte und sich alle kosmischen Entitäten, alle Gestirne, alle Planeten in jenem Augenblick auf die Erde – als Trägerin des Sonnenkeims – hin orientierten, wurde sozusagen das geozentrische Weltbild gültig; jedoch nicht als berechenbares System der zweiten kosmischen Epoche, sondern als geistige Wirklichkeit: Indem sich der Mensch die nicht berechenbare kosmische Konstellation des Urbeginnes beziehungsweise des Mysteriums von Golgatha beim Antritt seines Erdenlebens einprägt, wird diese Konstellation für seine Schicksalsbildung von Bedeutung. Denn durch das Eintauchen Christi in die Erde kann jener Aspekt des menschlichen Karmas entstehen, der sich auf die Zeit zwischen einem Tod und einer neuen Geburt bezieht, nämlich die Nach- oder Aufarbeitung des alten und die Vorbereitung des neuen Karmas während des Durchlaufs der menschlichen Seele durch die Planetensphären. Diese

Planetensphären, welche die Menschenseele nach ihrem Erdentode durchläuft, entsprechen in ihrer Abfolge der Anordnung des geozentrischen Weltbildes: Zuerst, unmittelbar nach dem Tod, steigt die Menschenseele in die Mondensphäre auf, dann in die Merkursphäre, danach in die Venus-, Sonnen-, Mars-, Jupiter- und schließlich in die Saturnsphäre. Erst dann beginnt sie ihren neuerlichen Abstieg in die Inkarnation.

Das geozentrische Weltbild gründet sich gewissermaßen in dem Mysterium von Golgatha, weil in dem Augenblick, da die Geistessonne in die Erde hinein geboren wird, der Christus hinabsteigt in die menschlichen Schicksale der Verstorbenen und zum Herrn der Schicksale, zum Herrn des Karma wird. So verdanken wir der Erdengeburt Christi auf Golgatha auch die Mitwirkung unseres Ichs an unserem Karma-Weben während des nachtodlichen Lebens.

Nun können wir mit anderen Augen auf das Mysterium der kosmischen Konstellation des Karfreitags schauen, mit seelischen Augen nämlich, die jenseits des Sinnlichen das in ihm wirkende Übersinnliche gewahr werden. Mit diesen Augen erkennen wir «hinter» den äußeren Ereignissen des Todes Jesu den geistigen Sonneneintritt in die Erde und können aus innerer Anschauung heraus feststellen: Die Sonnen*finsternis* zur Zeitenwende auf *Golgatha* ist der Sonnen*aufgang* in unserem seelisch-geistigen *Menschen-Innern.*

Und so kann uns bewusst werden: Die kosmische Konstellation auf Golgatha während des Karfreitags der Zeitenwende mit geistigem Blick und entsprechender seelischer Innerlichkeit zu durchdringen, vermag uns in die Geheimnisse unserer elementaren Verbundenheit mit dem Sonnengeist des Christus einzuweihen und uns somit zu Erkenntnissen zu führen, die uns die Mittel erschaffen zur Rückführung aller Schöpfung in jene göttliche Einheit, welche der Logos aus Liebe zu unserer Menschwerdung hinzuopfern gewillt war.

Mit andächtigem Staunen dürfen wir die Mitteilungen der Evangelisten entgegennehmen und sie als unerschöpfliche Quelle geistiger Offenbarungen auffassen, die uns dazu aufrufen, sie in Gegenwart und Zukunft mit dem Licht der Erkenntnis immer weiter zu durchdringen, damit der Reichtum der Menschenseele stetig wachsen möge bis zu ihrem Einklang mit dem Logos.

«Wer hat die Bibel für geschlossen erklärt? – Sollte die Bibel nicht noch im Wachsen begriffen sein?!» (Novalis)[12]

ANMERKUNGEN

1 Bislang ist es ausschließlich der geisteswissenschaftlichen Forschungsarbeit Rudolf Steiners zu verdanken, dass wir in die für unsere gegenwärtige Situation entscheidenden okkulten Aspekte des Christus-Mysteriums eingeführt werden können. Diese Art der Arbeit und die Offenlegung ihrer Ergebnisse ist neu in der Geschichte der Menschheit, und alles, was heute über das Christus-Mysterium gefunden und gesagt wird, baut auf diesem entscheidenden Grundstein der übersinnlichen Findungen Rudolf Steiners auf.

2 Joh 19, 23-24

3 Mk 15, 34

4 Vgl. Mt 27, 51

5 Mt 27, 52

6 Siehe Judith von Halle: «Und wäre Er nicht auferstanden ...». 3. Aufl. Dornach 2009, S. 80.

7 Vgl. Rudolf Steiner, (z.B.) Kosmogonie. Populärer Okkultismus. Das Johannes-Evangelium. Die Theosophie anhand des Johannes-Evangeliums. GA 94, 2. Aufl. Dornach 2001, S. 291; Ursprungsimpulse der Geisteswissenschaft. Christliche Esoterik im Lichte neuer Geist-Erkenntnis. GA 96, 2. Aufl. Dornach 1989, S. 295 f.; Aus der Bilderschrift der Apokalypse des Johannes. GA 104 a, Dornach 1991, S. 27.

8 Rudolf Steiner: Von Jesus zu Christus. GA 131, 7. Aufl. Dornach 1988, S. 150.

9 Eine Meinung, die übrigens seit neuerer Zeit unter anthroposophischen Autoren vertreten wird, indem die Karfreitags-Vorgänge gegenüber den als «rein geistig» und «sonnenhaft» beschriebenen Ostersonntags-Vorgängen kurzerhand als «sinnlich» und als etwas «zu überwindendes Materielles» oder als bloße, niedere Angelegenheit des Menschen Jesus gegenüber den großartigen, Welt verändernden

Belangen des Christus hingestellt werden. Solche Aussagen sind höchst bedauerliche und höchst gravierende Fehleinschätzungen, die – wenn man es klar sieht – letzten Endes eine Leugnung der Inkarnation Christi darstellen, nämlich die Herabwürdigung des Opfers Christi, durch den menschlichen Tod hindurchzugehen. Sie können natürlich nur vorkommen, wenn der übersinnliche Erkenntnisblick des Betreffenden auf die wirklichen Tatsachen durch irgendeine im niederen Seelenleben erzeugte Wolke verdunkelt ist oder wenn der Betreffende überhaupt noch keine übersinnlichen Erkenntniskräfte ausgebildet hat, die dazu hinreichen, in die Tiefen des geistigen Karfreitags-Geschehens einzutauchen, sondern stattdessen seine eigenen Vorstellungen oder kombinatorischen Schlussfolgerungen von der Sache für echte Erkenntnisse der geistigen Wirklichkeit hält oder deklariert. – Leider ist zu beobachten, dass derlei Fehlaussagen, besonders wenn sie von einer innerhalb der anthroposophischen Bewegung namhaften Persönlichkeit gemacht werden, fatalerweise in die Köpfe vieler Anthroposophen Eingang finden, was bereits viel Verwirrung gestiftet hat und unter Umständen noch längere Frist stiften wird. Sie wird sich nur durch ernsthaftes eigenes Suchen und Finden in mühseliger Arbeit und vielleicht sogar unter der seelischen Größe des Umschmelzen-Könnens des eigenen Urteils beseitigen lassen. Dazu hilft es natürlich, die Aussagen Rudolf Steiners zu dieser Thematik zu berücksichtigen; dergleichen Behauptungen wird man dort nicht finden können, denn sie führen den ganzen Sinn des Mysteriums von Golgatha ad absurdum.

10 Rudolf Steiner: Anthroposophische Leitsätze. Der Erkenntnisweg der Anthroposophie – Das Michael-Mysterium. GA 26, Dornach, 10. Aufl. 1998, S. 167 ff.

11 ... und dies gilt natürlich für sämtliche von der Wissenschaft diskutierten Jahre, die für die Kreuzigung in Frage kommen können (wie das Jahr 30, 31, 32, 33 oder 34).

12 Biblischer Mond-Sonnen-Kalender, Julianischer Kalender, Gregorianischer Kalender.

13 Mt 27, 53

14 Ebenda

15 Lk 23, 48

16 Vgl. Rudolf Steiner: Ursprungsimpulse der Geisteswissenschaft. Christliche Esoterik im Lichte neuer Geist-Erkenntnis. GA 96, 2. Aufl. Dornach 1989, Vortrag vom 16. April 1906 mit dem Titel: «Erdinneres und Vulkanausbrüche» sowie dazu Judith von Halle: Der Abstieg in die Erdenschichten auf dem anthroposophischen Schulungsweg. Dornach, 2. Aufl. 2009.

17 Rudolf Steiner: Aus der Akasha-Forschung. Das Fünfte Evangelium. GA 148. Dornach, 5. Auflage 1992, S. 41.

18 Rudolf Steiner: Von Jesus zu Christus. GA 131, Dornach, 7. Auflage 1988, S. 228.

19 Ebenda, S. 229.

20 Vgl. Judith von Halle: «Und wäre Er nicht auferstanden ...». 3. Aufl. Dornach 2009, S. 80.

21 Rudolf Steiner: Okkulte Untersuchungen über das Leben zwischen Tod und neuer Geburt. Die lebendige Wechselwirkung zwischen Lebenden und Toten. GA 140, 5. Aufl. Dornach 2003, S. 99.

22 Vgl. Rudolf Steiner: Erdensterben und Weltenleben. Anthroposophische Lebensgaben. Bewusstseins-Notwendigkeiten für Gegenwart und Zukunft. GA 181, Dornach, 3. Aufl. 1991, S. 313.

23 Ebenda

24 Vgl. Anm. 21

25 Vgl. Rudolf Steiner: Bewusstsein – Leben – Form. Grundprinzipien der geisteswissenschaftlichen Kosmologie. GA 89, Dornach 2001, S. 261.

26 Vgl. Anm. 10

27 Mt 27, 25

28 Mt 27, 55

29 Mt 5, 17
30 Josua 10, 12
31 Josua 10, 14
32 Vgl. Anm. 21
33 Vgl. Anm. 18
34 In: Archivmagazin. Beiträge zur Rudolf Steiner Gesamtausgabe, Nr. 1 / Dornach, Dezember 2013, S.62.
35 Mathematisch-Astronomische Sektion am Goetheanum [Elisabeth Vreede]: 1. Rundschreiben, II. Jahrgang: «Da Merkurius in der Wage stand», Dornach o.J., S. 3 f. – Nachgedruckt in: Elisabeth Vreede: Astronomie und Anthroposophie. Dornach 1980.
36 Rudolf Steiner: Wahrspruchworte. GA 40, 9. Aufl. Dornach 2005, S. 97.
37 Vgl. z.B. Rudolf Steiner: Die Geheimwissenschaft im Umriss. GA 13, 30. Aufl. Dornach 1989, S. 185.
38 Siehe dazu Rudolf Steiners Vortrag vom 29. Mai 1905 («Die Kreuzholzlegende und die weltgeschichtliche Bedeutung des Salomonischen Tempels») in: Rudolf Steiner: Die Tempellegende und die Goldene Legende. GA 93, 3. Aufl. Dornach 1991, S. 154ff.
39 Novalis, Hymnen an die Nacht (5. Hymne)
40 An anderer Stelle, nämlich im Zusammenhang mit dem Vaterunser, habe ich darauf aufmerksam zu machen versucht, wie die Jünger des Christus Jesus ihrem Verständnis der durch Christus ermöglichten Umkehrung ihres Entwicklungsweges durch die Worte der sogenannten Doxologie Ausdruck verliehen haben. Diese Worte lauten: «Denn dein ist das *Reich und die Kraft und die Herrlichkeit in Ewigkeit.*» Darin ist der von unten nach oben gerichtete Durchgang durch den kabbalistischen Sefirotbaum aufgezeigt. Statt wie zuvor aus den Himmeln in die Sterblichkeit der Erdenwelt hinunter zu wachsen, wächst der Mensch nun aus dem *Reich der Erde* durch die Sphäre der *ätherischen Kraft* und die *astrale* Sphäre der *Herrlichkeit* bis hinauf in

die Krone des Baumes des Lebens, in die *Ewigkeit des Devachan*. Er wächst zum ewigen Leben von der Erde wieder hinauf in die Himmel dem Worte Christi folgend: «Niemand kommt zum Vater denn durch mich.»(Joh 14, 6). Vgl. Judith von Halle: Das Vaterunser». 3. Aufl. Dornach 2012, S. 67.

41 Rudolf Steiner: Die Weltgeschichte in anthroposophischer. GA 233. 5. Aufl. Dornach 1991, S. 121.

42 Novalis: Fragmente. (Z. B. in den Schlegel-Tieckschen Ausgaben, Nr. 344.

Bücher von Judith von Halle im Verlag für Anthroposophie

Reihe Beiträge zum Verständnis des Christus-Ereignisses

BAND I:

Das Vaterunser – Das lebendige Wort Gottes

3. Auflage 2013, Geb., 74 S., ISBN 978-3-03769-002-4

BAND II:

Von den Geheimnissen des Kreuzweges und des Gralsblutes

3. Auflage 2010, Geb., 140 S., m. farb. Abb., ISBN 978-3-03769-003-1

BAND III:

Das Abendmahl –
Vom vorchristlichen Kultus zur Transsubstantiation

3. Auflage 2013, Geb., 108 S., m. Abb., ISBN 978-3-03769-004-8

BAND IV:

Von Krankheiten und Heilungen
und von der Mysteriensprache in den Evangelien

2007, Geb., 188 S., Abb., ISBN 978-3-03769-006-2

BAND V:

Der Abstieg in die Erdenschichten
auf dem anthroposophischen Schulungsweg

2. Auflage 2009, Geb., 156 S., m. farb. Abb., ISBN 978-3-03769-007-9

BAND VI:

Vom Mysterium des Lazarus und der drei Johannes

Johannes der Täufer, Johannes der Evangelist, Johannes Zebedäus

2009, 204 S., farb. Abb., ISBN 978-3-03769-014-7

BAND VII:

Vom Leben in der Zeitenwende

und seinen spirituellen Hintergründen

2009, Geb., 204 S., m. farb. Abb., ISBN 978-3-03769-015-4

BAND VIII:

Der Weihnachtsgedanke der Isis-Horus-Mythe

Vom monotheistischen Urverständnis der ägyptischen Mysterien

2009, Geb., 114 S., m. farb. Abb., ISBN 978-3-03769-016-1

BAND IX:

Joseph von Arimathia und der Weg des Heiligen Gral

Die christlichen Wurzeln Europas zwischen Ephesos und Gallien

2011, Geb., 178 S., m. farb., Abb., ISBN 978-3-03769-025-3

BAND X:

Die Jünger Christi

Vom Mysterienhintergrund der zwölf Apostel

2012, Geb., 128 S., Abb., ISBN 978-3-03769-038-3

Bücher von Judith von Halle im Verlag für Anthroposophie

«Und wäre Er nicht auferstanden ...»
Die Christus-Stationen auf dem Weg zum geistigen Menschen

3. Auflage 2009, Geb., 204 S., m. farb. Abb.,
ISBN 978-3-03769-001-7

«Das Christliche aus dem Holze herausschlagen ...»
Rudolf Steiner, Edith Maryon und die Christus-Plastik

2. Auflage 2008, Geb., 104 S., mit zahlr. Abb.,
ISBN 978-3-03769-005-5

Die Holzplastik des Goetheanum
«Der Menschheitsrepräsentant zwischen Luzifer und Ahriman»

Hg. Sektion für Bildende Künste am Goetheanum.
(zusammen mit John Wilkes)

2008, Kt., 80 S., durchgehend farb. Abb., ISBN 978-3-03769-008-6

Die Demenzerkrankung
Anthroposophische Gesichtspunkte

Geleitwort von Dr. med. Michaela Glöckler

4. Auflage 2012, Kt., 98 S.,
ISBN 978-3-03769-017-8

Krise und Chance
Die Freie Hochschule und ihre Bedeutung für das Karma der Anthroposophischen Gesellschaft

2010, Kt., 96 S., ISBN 978-3-03769-029-1

Die Christus-Begegnung der Gegenwart und der Geist des Goetheanum

2010, Geb., 160 S., m. Abb., ISBN 978-3-03769-026-0

Rudolf Steiner – Meister der Weißen Loge
Zur okkulten Biographie

2. Auflage 2011, Geb., 184 S., m. Abb., ISBN 978-3-03769-030-7

Die Templer
Der Gralsimpuls im Initiationsritus des Templerordens, Band I

2012, Geb., 192 S., Abb., ISBN 978-3-03769-041-3

Die Templer
Der Gralsimpuls im Initiationsritus des Templer-Ordens, Band II

2013, Geb., 217 S., Abb., ISBN 978-3-03769-046-8

Anna Katharina Emmerick
Eine Rehabilitation

2013, Kt., 352 S., Abb., ISBN 978-3-03769-043-7